U0095207

凯尔特人

CELTS

[英] 马丁 · J.多尔蒂　著
罗茜湄　译

SPM 南方传媒 | 广东人民出版社
· 广州 ·

目录

Contents

INTROD

引言

凯尔特人是神秘的，世人对他们的历史充满了各种想象与误解。之所以产生这种误解是因为凯尔特民族曾反抗罗马帝国的统治，而史书都是由胜者书写的[①]。罗马人的误解与误传扭曲了凯尔特人的形象，而后人对于罗马的崇拜更是令这种形象深入人心。

18、19 世纪掀起了追捧古典的浪潮，这令世人普遍认为古希腊、古罗马是所有文明的发源地。于是，那些与之作对的所谓的“野蛮人”便被认为是不堪的、未开化的、迫切需要被拯救的。一系列罗马著作对扩张的描述都是将文明之光带到世界上黑暗与蛮荒的角落，而凯尔特人的许多有关本民族的记载在这个扩张的过程中被摧毁，罗马人编写的故事便成了公认的版本。

欧洲大陆的凯尔特人最终融入了罗马帝国，其社会也随之发生了翻天覆地的变化。而不列颠群岛（British Isles）上的凯尔特人改变的原因则不尽相同。我们对凯

上图 凯尔特人遍布欧洲——从大西洋（Atlantic）沿岸到多瑙河（Danube）流域，甚至深入小亚细亚（Asia Minor）地区。在这样广阔的范围内，地域文化差异是不可避免的，但我们仍然不难看出各地的凯尔特人身上都有着一种相同的特质。

① 凯尔特人的反抗以罗马帝国战胜而告终。——译者注

尔特人的了解大多是由零星的证据或带有偏见的描述拼凑起来的。尽管如此，仍有一件事是可以确定的：凯尔特人并不是未开化的野蛮人。

下图 早期凯尔特人和罗马人之间的互动对欧洲的未来产生了深远的影响。若其关系没有破裂，罗马不曾被凯尔特军队洗劫，历史的发展可能大不相同。

虽然 18、19 世纪公认的凯尔特人形象仍然影响着如今人们对这一民族的普遍看法，但我们也开始更深入地了解他们，认识到他们对欧洲历史进程的巨大推动作用。凯尔特人在不列颠群岛和欧洲大陆大部分地区定居，分布广泛且人口众多，所以其影响之深远并不出奇。

罗马共和国因扩张势力范围而与凯尔特人有了交集，双方关系则时好时坏。公元前 390 年左右，一支凯尔特军队洗劫了罗马城。由此，一场军事革命爆发，最终造就了所向披靡的罗马军团。罗马人通常称凯尔特人为高卢人（Gauls），他们是罗马在欧洲扩张的巨大阻力。如果没有骄傲的高卢战士站在对立面，罗马的荣光可能就不会那么耀眼了。毕竟，荣耀是通过击败令人敬畏的对手赢得的，而凯尔特人正是这样的对手。

凯尔特人的遗产

大部分高卢文化被罗马文化吸收了，其内涵也或多或少被扭曲或者破坏了。然而，这种影响在某种程度上是双向的，凯尔特文化也确实影响了罗马文化。在尚未彻底罗马化的地区，或者一些根本没有被征服的地区，凯尔特人的生活方式保存了下来并且吸收了其他的文化。如今，罗马帝国的官方语言拉丁语已然失去生命力，但凯尔特民族的一些语言仍在使用。

罗马帝国的大军并没有抵达爱尔兰，他们企图入侵苏格

下图 凯尔特人的十字架是早期基督教的重要标志。凯尔特人接纳了新的宗教后，对基督教传播做出了贡献，并推动了早期教会的发展。

兰的行动也因对手的拼死抵抗而陷入了僵局，直到帝国停止扩张。一些位于边境的凯尔特部落会通过罗马不列颠（Roman Britain）与罗马开展贸易。他们吸收了罗马文化中的一些元素，同时又保持独特性。而在这些地区之外，罗马对凯尔特人的影响要小得多，凯尔特社会也得以代代延续。

凯尔特人的语言主要流行于苏格兰和爱尔兰地区。此外，在加拿大和一些美国的城市，也有许多人使用该语言。尽管只占少数，但讲这些语言的人自豪地将其作为独立的象征和光荣的遗产加以坚守。

虽然凯尔特民族的语言正在走向消亡，但凯尔特社会的一些元素已经融入现代主流文化。现代社会一些传统民俗甚至日常活动可能都起源于凯尔特民族。比如，把硬币扔进喷泉或水池以求获得好运的习惯可能本是凯尔特人的一种仪式，或者源自更早的时代。一些传统怪物形象和异世界的灵魂也与凯尔特神话息息相关。

欧洲的许多地名原本都起源于凯尔特语，并且这些地方自凯尔特文化的全盛时期以来一直都有人居住。通常情况下，这些地区的聚落一旦形成，之后无论如何重建，其形态都能得到保留——街道和广场的总体布局与铁器时代大致相同。因此，在一些城镇，我们可以走在以前凯尔特人走过的道路上，或者停下来逛逛在同一个广场上存在了几百年的市场。而在更荒凉的地方，凯尔特社会的残影则仍然以立石和纪念碑的形式存在着。

基督教的传播

凯尔特人对基督教的传播也有深远的影响，他们那些复杂而动人的神话元素融入了欧洲的基督教活动。人们很容易将教会视作一个整体，认为其信教方式在任何地方都没有差异。但走访一些古老的教堂之后，就会发现宗教和其他事物一样，深受最初从事该活动的人的影响。

教堂、墓碑和纪念碑上常常能见到凯尔特民族的装饰与设计。这些原本是异教徒——凯尔特人使用的符号，现在被基督教吸收并成为其传统的一部分。同样，一旦凯尔特人接受了基督教，他们便热衷于参与基督教活动，传播基督教教义。在早期基督教传播过程中，许多伟大的基督教人物都来自爱尔兰和其他凯尔特地区。

凯尔特民族中一些狂热的基督教信徒出于一腔热忱而远走他乡。北欧探险家发现冰岛时，发现那里住着一小群爱尔兰僧侣。当这些僧侣意识到维京人（Viking）将搬到隔壁时，他们明智地离开了。事实上，凯尔特人出现在冰岛这件事也许比北欧人（Norsemen）的到来更引人注目。因为后者常常派遣部队远征，进行远洋贸易，或是探索遥远的水域以寻找新的土地。像冰岛这样广阔的陆地，迟早会被他们发现。

与探险文化下庞大的探险家群体偶然遇见一个大岛相比，一小群僧侣从发现冰岛到在那里建立起一个社区，需要付出更多的努力。尽管他们最终放弃了这片土地，但殖民冰岛仍是一个重要的成就。显然，凯尔特基督徒在传教上投入了不少努力，从而影响了北欧教会的未来。

商人与工匠

凯尔特人善于经商。在苏格兰的偏远地区，人们发现了源自欧洲大陆的商品，这些商品是通过完整的贸易网络售往该地的。从半个大陆以外的地方购买装饰品，并制作实用且精美的物品用于平时使用和交易的行为，就算没有

上图　这面古铜盾牌是从伦敦的泰晤士河中打捞起来的。它的木质底板已经腐烂，只剩下图案精致的金属面。这面盾牌很可能是作为宗教祭品被扔进河里的。

颠覆人们心中凯尔特人不堪的“野蛮人”形象，至少也动摇了这种刻板印象。

凯尔特人是金属锻造方面的能工巧匠，他们可以制造出高质量的武器和盔甲，以及金银装饰品。同时，他们也是优秀的织工，能够使用复杂的机器生产兼具功能性与时尚感的服装。这种繁荣的经济是建立在社会稳定上的，其社会的法律和规则对那些不愿意遵守的人是强制执行的。

不论凯尔特社会取得了怎样的成就，今天我们对他们的了解大部分都是由零散的或不可靠的资料拼凑而成的。凯尔特民族自己对其历史发展的记载几乎都没有保存下来，而希腊和罗马的学者留下的记录（不管是有意还是无意）都在某些地方具有一定的误导性。这可能一方面是出于对外宣传的考虑，另一方面则是因为学者们确实也不了解凯尔特社会。

由于只是作为旁观者碎片化地去了解凯尔特人的生活，罗马学者在写作时都只是一知半解。他们没有体验过凯尔特人的生活，还总是只关注那些与罗马有接触或冲突的部落。凯尔特社会的内部运作对罗马的史学家来说可能是个谜。因此，他们只能基于猜测或简略地记录下了解到的少数情况。

关于凯尔特人的其他信息是考古得来的，但考古证据也并不能代表一切。比如，即便我们可以肯定，与凯尔特酋长一起埋葬的一把剑是以某种特殊的方式制造的，但我们也只能据此了解其生活的一个方面，得不出别的结论。同样，只凭考古现场发现的衣服和鞋子，我们也并不能充分了解这些衣物的主人曾经过着怎样的生活。因此，我们对凯尔特人的大部分“了解”实际上还是推断出来的，并没有确凿的证据。

从建筑技术和材料，以及房屋和聚落的布局，我们可以确定很多东西。而结合常识和考古专业知识使我们能够从已经发现的东西中得出基本合理的结论。但最终，所有重现古代社会的尝试都只是基于看似可能的东西，而不是实际存在的东西。这一点是没有办法改变的。我们的知识体系是由事

今天我们对他们的了解大部分都是由零散的或不可靠的资料拼凑而成的。

实和推论建立起来的，但整体上，这仍然是一幅由碎片组成的拼图……虽然我们也不能确定所有的碎片都来自同一幅拼图。

广博的文化

凯尔特文化广泛分布在欧洲各地并延续了几个世纪，有关凯尔特人的研究也因此变得更加复杂。几百年间，接二连三发生的重大事件使与之相关的文化都发生了变化。因此，可能某地某时对凯尔特人的描述是一个样子，而在其他地方或是其他时间点的文献对凯尔特人的看法又是另一个样子。研究通常是基于与之相关的考古遗址开展的，不同的遗址提供了不同的凯尔特文化的剪影。但通过这些遗址间的相似性，我们可以推断出整个凯尔特文化的一些基本特征。

凯尔特人总是令人难以捉摸，这也许是合理的——他们是一个复杂而多元的民族，不仅对欧洲历史进程产生了深远影响，甚至影响了如今的社会发展。

下图 位于奥克尼群岛（Orkney Isles）的古尼斯圆塔（Broch of Gurness）建于公元前500年至公元前200年，是所有铁器时代的圆塔村落中保存最完好的。该聚落由一个中央塔楼（Broch）和几个住宅组成。环绕其周围的是一个防御性的沟渠系统。

WHO WERE

凯尔特民族

若要回顾历史，我们需要清楚地区分事件、划分时代，这样才能理解其意义。因此，本章将梳理凯尔特民族发展的历史脉络。

对页图 与同时期的罗马别墅和希腊神庙相比，凯尔特人独特的茅草圆屋似乎很原始。但其建筑结构合理，不受气候影响，十分耐用，一切建造或修缮工程只需就地取材即可完成。

历史发展过程中存在许多意外、特殊及复杂的情况，人们很难通过这些散乱的信息了解事物的特质或规律，所以为了避免信息过载，有必要对历史发展阶段进行梳理。许多人只是掌握了一些关于凯尔特人及其社会的表面信息，便认为这就是全部的事实。然而，现实并非如此简单明了。

关于“凯尔特人是谁”的问题比看起来要复杂得多。凯尔特这个名字总让人联想到一群红发战士——男人留着令人印象深刻的小胡子，女人也很强壮，甚至有点可怕。印象中他们是罗马的敌人，也是造型奇异的石刻纪念碑的建造者；他们的信仰融入了当今的主流宗教，且对基督教在欧洲大部分地区的传播产生了不可小觑的作用。

我们知道，凯尔特人擅长锻造金属，是令人敬畏的战士，还能够生产色彩丰富、做工精良的服装。他们居住在茅草圆屋或山地堡垒中。聚居于各处的人逐渐形成一个个部落，彼此之间经常发生战争。然而，许多像这样的认知十分笼统，没有多大的意义，有些甚至是不准确的或有误导性的，这并不出人意料。要介绍一种存在于欧洲大部分地区并延续了几个世纪的文化，几句话也只能说个大概。只有当我们尝试深入了解凯尔特社会时，矛盾才会一一浮现。

认知与事实有出入也是很正常的。定居于不列颠群岛或土耳其（Turkey）的凯尔特人因受到不同文化熏陶与定居在伊比利亚（Iberia）和高卢的人不同；公元前800年（也就是铁器时代初期）的凯尔特人与罗马灭亡后传播基督教的那群人又不尽相同。跨度如此大的空间与时间，必然包含文化和社会的巨变。如今令人瞩目的，不是仍然存在的相似性，而是凯尔特社会在整个历史变迁的过程中仍然独树一帜、没有湮没于历史的事实。

界定凯尔特民族历史

许多文化都有明确的开端与结尾，尽管一些日期是历史学家后来添加的。通常，一个事件可以作为一个时代的开始

下图 人们对凯尔特人的普遍印象是“高傲的野蛮人”，留着可怕的小胡子，且十分喜欢争斗。然而，这只是片面的说法。事实上，凯尔特民族是一个复杂而先进的民族。

或结束，如一个城市的衰落或一个新社会的崛起。凯尔特文明中某些分支的历史界定确实如此。但由于凯尔特人分布广泛，他们的社会于某时某地或许迎来了终结，但在别处依旧延续着。

虽然我们可以推测出“凯尔特时代”的起始日期，但它并没有明确的终点。凯尔特部落在一些地区被边缘化或被吞并，而在另一些地区，他们的特质却逐渐被新的文化所吸收。如今，凯尔特人也没有走到尽头，其对社会的影响仍然以广为使用与流传的语言和民间传说存在。从凯尔特民族在欧洲占主导地位的时代起直到今天，他们随着时间的推移一直在进步、发展。

过去，人们对其生活的时代并没有明确的界定，他们活在所谓的“当下”。那时，文化、语言以及不同群体的关系都在不断发生变化，尽管变化的过程往往是缓慢的。社会一方面可能按部就班地徐徐发展，另一方面也可能因灾难侵袭而迅速改变。不同文化和不同种族相遇、交融，他们相互影响也相互制约。这一过程的结果便是持续的变化。只有紧紧围绕特定的时间与地点，我们才能捕捉到“现在”的剪影。

在扩大研究的时间范围和空间范围的同时，我们应该根据观察所得进行归纳总结。无论是趋势还是境况，都应该在多个地区存在较长的时间，这样反映出的才是一种普遍规律或常态。而一个特征越精确，它就越有可能只属于某个特定时间段的某个特定地区。也就是说，我们可以从对凯尔特人的观察中获得一些合理的推论，只要不将其当作普遍适用的绝对真理，它们就足以满足大多数研究的需要。

上图 建于铁器时代的梅登堡（Maiden Castle）是迄今为止发现的最宏伟的防御工事之一。拉腾（La Tène）时期（约公元前450年），堡垒周围建起了堤岸和沟渠。在此之前，梅登堡的规模明显较小，防御能力也较弱。

第一印象

公元前400年左右，一大群“野蛮人”闯入了意大利北部。他们身材高大，声音洪亮，人人都顶着一头金发或者红发，且十分好战。当地的伊特鲁里亚人（Etruscans）在其逼迫下不得不离开故土。于是，这群新来的人引起了罗马的注意。也正是从那时起，罗马开始崛起，并走向强大。

罗马编年史学家在这些新面孔身上找到了许多值得记载下来的东西。据其描述，这群凯尔特人常常身穿衬衫和长裤，肩上披着带帽子的斗篷。所有的衣物都拥有精细的做工与鲜艳的颜色。此外，他们还用石灰和水的混合物洗头，使头发变得坚硬而锐利。这样的造型以及那引人注目的小胡子都使这群“野蛮人”看起来异常凶猛。

他们还有着健硕的体格。在战斗中，有些人戴头盔和穿铠甲，有些人则选择赤身裸体上阵。但无论怎样，他们都是非常强大的战士，很快就将伊特鲁里亚人赶出了波河谷地

下图 公元前400年左右，一支由罗马民兵组成的部队在阿里亚河（River Allia）被凯尔特人的塞农（Senone）部落彻底击败。自此，凯尔特人与新兴罗马势力之间的战争正式开始。

（Po Valley）。而伊特鲁里亚人只好向他们的罗马邻居寻求帮助。于是，罗马派出使者与凯尔特人交涉。

罗马使者和凯尔特“蛮族”之间的谈判最初是在相互尊重的基础上进行的。凯尔特人明白，如果伊特鲁里亚人向罗马寻求军事援助，他们是无法与之匹敌的，而签订协议显然比进行战斗更加有利。因此，凯尔特人提出了一个以土地换和平的交易。罗马特使对此表示质疑，他们认为凯尔特人的要求相当于军事勒索。但凯尔特人的立场很明确——他们有能力占领这片土地，便有资格提出这样的要求。

对页图 塞农人将罗马人逼得差一点就要缴纳大量的贡品来求和。但马库斯·弗里乌斯·卡米卢斯（Marcus Furius Camillus）率领部队在罗马城内激战了两天，最终击败了塞农人，将他们赶出了罗马城。

最终，罗马决定对他们的邻居伊特鲁里亚人伸出援手，而这引来了凯尔特人的敌意，他们要为被杀的战士讨回公道。但特使在罗马政治中具有极大的权力，直接拒绝了他们的要求。尽管罗马对外宣称保持中立，但实际上选择站在伊特鲁里亚人一边。回国后，特使非但没有因违反“万国法”（Law of Nations）而受到惩罚，反而被提拔为罗马的高级官员。

随后，凯尔特人出兵罗马，而罗马则部署了六个军团与之对抗。那时的罗马军团仿照了希腊人排兵布阵的方式，在战阵的中央布置了装备精良的重装步兵，轻装部队在侧翼。战斗发生的时间大约是在公元前 390 年至公元前 387 年。时间虽然是模糊的，结果却是肯定的。

两军在阿里亚河相遇。凯尔特领袖布伦努斯（Brennus）很快就看出了罗马人的弱点。当时的罗马军队是以公民为基础的，士兵必须自带装备入伍。手持长矛和盾牌，全副盔甲的重装部队构成了罗马坚固的中心防线。因此，攻击侧翼装备简陋的部队便是更明智的选择。

凯尔特人仅通过一次冲锋便击溃了敌人的侧翼部队。一些落败的罗马士兵逃往维伊（Veii），而另一些人则回到了罗马。随后，罗马的中央部队也被包围，受凯尔特人压制。这群装备最完善、经验最丰富的罗马战士挫败。更不幸的是，他们几乎来自罗马最有权力、最富裕的公民阶层。也就是说，罗马的许多决策者和领导人在阿里亚战争这场灾难中丧生，为凯尔特人进击罗马城创造了条件。

尽管一些罗马部队仍坚守在卡比托利欧山（Capitoline Hill）上，但凯尔特人仍然可以不费吹灰之力攻克这座防御薄弱的城市。由于对这一阵地的进攻受挫，凯尔

特人同意在收取巨额赔款后撤退。自然，关于赔款的谈判以失败告终。此时，第二支罗马军队抵达该城。在没有结果的城市巷战之后，一场野战打响。这一次，凯尔特人败在了罗马军队手中。

对页图 传说塞农人夜袭罗马城时，罗马的警卫犬没有发出警报，是鹅的鸣叫声提醒了守军。此后，狗在每年的祭祀活动中都会受到惩罚，而鹅则被授予荣誉。

虽然凯尔特人被赶出了罗马城，但他们在历史上也留下了不可磨灭的痕迹。此次战役后，罗马军队做出了大幅度的调整，从希腊式战斗模式转向更灵活的方式，并且巩固了城防。直到几个世纪后，这座城市才再次被入侵。

这次对罗马的进攻只是塞农人这一个凯尔特部落分支的行动。他们与罗马断断续续打了一个世纪，最后仍然不敌。罗马人将塞农人和他们的凯尔特同伴称为“加利”（Galli）或“高卢人”。这两个称呼大同小异，都是“野蛮人”的意思，我们现在却普遍以此来称呼欧洲的凯尔特人。而罗马试图向北进行领土扩张时发现，这些高卢人有许多不同的分支。在之前的几个世纪里，他们的足迹已经遍布整个北欧。

凯尔特民族的发源

“凯尔特”这个名字源于一个希腊词汇“凯尔托伊”（Keltoi），与罗马人对这个民族的称呼一样，也是“野蛮人”的意思。古希腊人究竟是何时开始与原始凯尔特人交往目前尚未可知，但凯尔特文明与古希腊文明的联系确实持续了很长一段时间。有时，他们在希腊人的战争中充当雇佣兵，协助希腊作战，有时又站在希腊军队的对立面。

也许，早在希腊黑暗时代（Greek Dark Age）末期，希腊人与凯尔特人之间就产生了某些形式的互动。这一时期从公元前1200年一直持续到公元前800年，伴随着早期希腊文明的分崩离析。由于，希腊黑暗时代与东地中海（Eastern Mediterranean）地区其他社会瓦解的时间吻合，

“凯尔特”这个名字源于一个希腊词汇“凯尔托伊”，与罗马人对这个民族的称呼一样，也是“野蛮人”的意思。

因此，关于该时期的历史记录往往是匮乏的。

正如人们所知道的那样，青铜时代分崩离析[①]（the Bronze Age Collapse）之时，埃及新王国（New Kingdom of Egypt）、安纳托利亚半岛[②]（Anatolia）上的赫梯帝国（Hittite Empire）和迈锡尼人（Mycenaean）的希腊王国都遭受重创，具体原因不明。从干旱、地震和火山爆发等自然灾害到外来入侵，各有各的说法。

这一时期，地中海东部沿海地区的大多数城市被洗劫一空，甚至被夷为平地。零星的记载中提到了可能是由于“海上民族”（Sea People）的袭击，但他们的具体身份不明，可能是同一群人，也可能不止一个群体。同样，导致青铜时代覆灭的原因也可能不止一个。

希腊传说中曾提到多利安人入侵（Dorian Invasion）或多利安移民（Dorian Migration），讲的是一个来历不明的民族从北方来到希腊并控制了希腊的部分地区。尽管有人认为这种“入侵”在一定程度上导致了希腊迈锡尼文明的崩溃，带来了随后的黑暗时代，但这种“入侵”究竟是以何种方式实现的，以及多利安人究竟是谁，仍然不得而知。

至于凯尔特人的祖先是否参与了这些事件还有待讨论。但三大主流文明走向崩溃的动荡时期对整个古代世界的确有着深远的影响，并可能在一定程度上为凯尔特文明的崛起创造了条件。这也表明，在一个灾难重重的时代，军事防御能力与创造及建设的能力同样重要。即便凯尔特人与这些巨变并没有直接的关联，其社会的发展道路也发生了改变。尽管凯尔特人起源于何处还有待讨论，但其发展路径是可以通过前凯尔特社会和原始凯尔特社会来追溯的。

---

① 公元前 1200 年至公元前 1150 年。

② 今土耳其。

欧洲的青铜时代

对页图　青铜时代的崩溃产生了深远的影响。图中，埃及的拉美西斯三世(Ramses III)正领导他的王国抵御神秘的海上民族。许多国家在这一时期的消亡可能为早期凯尔特人的扩张开辟了道路。

下图　瓮棺文化的特点便是推崇使用像这样的骨灰瓮来装死者的骨灰并埋葬。在此之前，一般的做法是将死者埋在土丘之下或墓穴之中。

公元前1300年左右，在欧洲中东部地区出现了现在的瓮棺文化（Urnfield Culture）。这种文化因推崇将死者火化后的骨灰放入骨灰瓮埋葬的方式而得名。此前，人们会将逝者的遗体送入墓冢安息，而这种墓冢文化（Tumulus Culture）持续了四个世纪。与所有文化的更迭一样，这种变化并不是立即发生的，也不会演变得面目全非，只是在历史进程中逐渐发生，而两种安葬逝者的方法都仍在使用。

瓮棺文化在阿尔卑斯山（Alps）以北的大部分欧洲地区广泛传播，从现在的法国一直到多瑙河流域都受其影响。当然，同一种文化也并不是完全相同的，还存在不少地方性差异。同是受瓮棺文化影响的人使用的风格却常常截然不同，这便显示了部落或亚文化群之间的区别。然而，从整个地区来看，文化的共性依然存在。

瓮棺文化影响下的厄恩菲尔德人（Urnfield People）种植谷物和蔬菜。除此之外，他们还饲养家畜以获取肉和毛。虽然他们也养马，但那个时代的马很小，不太适合乘骑。

不仅如此，厄恩菲尔德人还驾驶战车，也使用类似马车的运输工具。这些工具可能是独立制造的，也可能是受赫梯人影响而制造的。战车在当时常见于战场或许是高贵的象征，有时也会与重要（或至少是富有的）人物一起埋葬。

厄恩菲尔德人会制造叶子形状的青铜剑，这种剑制作精良，经过多次切削击打仍然能够保持锋利。据记载，从刺剑到砍剑的过渡大约发生在瓮棺文化取代墓冢文化的时候，但并没有真正的证据能够证明埋葬方式的变化和武器

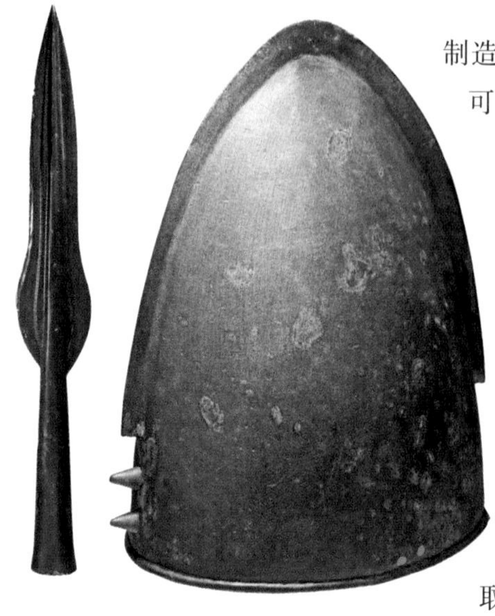

制造之间的具体联系。因此，新式武器的创造很可能得益于冶炼及锻造技术的普遍提高。

在后来的凯尔特文化中，砍剑仍然是一种流行且极具代表性的武器。这也进一步证明了凯尔特社会开端于厄恩菲尔德时期。曾经的文化在许多方面都与后来的有明显的不同，但厄恩菲尔德人与后来的凯尔特人仍有着明显的相似之处。

瓮棺文化时期，一个由战士主导的社会逐渐成形。这可能是由于人口增长使群体之间的竞争加剧，那些能够从他人处获取财物（或防止财物被别人夺走）的人便比那些创造或生产社会所需物品的人更加重要。

具体原因可能也没那么复杂。拥有武器并知道如何使用它们的人可以迫使其他人服从自己，且随着繁荣程度的提升，社会已经能够支持战士阶层（统治者阶层）或至少是一个以战争为主要活动的群体的存在与发展。

不管是什么原因，公元前1000年左右，山地堡垒的出现与同一时期社会中战士主导地位的确立大有联系。修建山地堡垒需要花费大量的时间与精力，除非真正需要，否则是不会轻易动工的。因此，聚落设防的普及恰巧表明了这一时期聚落之间矛盾与冲突的普遍。

无论这一时期是否如一些历史学家所说的那样出现了大规模的移民，原始凯尔特人确实是在公元前1300年左右抵达了西班牙，并在公元前1200年进入欧洲北部（今法国和德国）活动。有证据表明，许多山地堡垒成为金属加工中心。随着技术的发展，铁匠们还学会了用铁代替青铜（或同时使用两种材料）生产金属制品。

从使用青铜到使用铁的转变也不是瞬间发生的。事实上，有证据表明，早在公元前2000年，铁的加工就已经出现。到了公元前14世纪，安纳托利亚半岛上的赫梯人开始以铁造物，但这些铁制品很罕见，也很珍贵，而常用的武器和工具

上图 虽然瓮棺文化的出现早于铁制武器的普及，但那时的军事装备并不原始。厄恩菲尔德人的青铜武器制作精良，至少可以与早期的铁制武器相媲美。

基本还是用青铜制造的。且早期的铁制武器并不比青铜器好用。因此，从青铜器到铁器的转变可能是必要之举，而不是一种选择。

也就是说，铁器时代并不是开始于铁器加工的出现，而是在铁器加工逐步普及的时候开始的。虽然这也因地而异，但到公元前 800 年左右，铁制工具和武器已经在中欧得到了广泛的使用。

下图 这张图片展示的是哈尔施塔特时期墓葬的一个复制品，不难看出，当时凯尔特人的陪葬品通常有装饰品、贵重物品、装酒的双耳细颈瓶以及武器和盔甲。

铁器时代的凯尔特人

原始凯尔特人究竟是如何以及何时成为我们所知的凯尔特人的还有待商榷。但可以肯定的是，当时的他们是很难注意到自身变化的，甚至生活在那个时代的其他人可能都不会注意到，因为这种变化是渐进的。凯尔特文化有多少始于铁器加工，又有多少源于偶然，这些都是需要做进一步推测

的。但无论如何，人们始终认为凯尔特人是一个活跃于铁器时代的民族。

随着社会的进步与发展，哈尔施塔特 (Hallstatt) 文化于公元前 800 年诞生。该文化得名于奥地利 (Austria) 哈尔施塔特镇上的一个考古遗址，许多有关这一文化的发现来源于该遗址。哈尔施塔特人在改用铁器之前就已经拥有了完备的金属加工业。因此，他们的匠人能够生产上好的武器和工具并用于出口便也不出人意料了。唯一的差别在于此时的原材料是铁而不是青铜。

当然，哈尔施塔特文化内部并不是完全统一的。在西部，将刀剑同部落首领一起下葬的情况是很常见的。有时，那里的人还将华丽的战车当作陪葬品。而在东部，人们似乎更喜欢将斧头视作领袖的武器和身份的象征，为逝者穿戴盔甲下葬的情况则更常见。无论怎样，这些陪葬品都展现了当地的繁荣。但如果逝者生前就没有什么武器和作战工具，那他的陪葬品可能就会差很多了。

上图　地图标出了各地的主要文化。在高卢、伊比利亚半岛与不列颠群岛发展起来的凯尔特文化有许多相似之处。但它们受到不同的影响，因此也存在许多差异。

左图　安葬死者的方式常常被视作一种特定的文化标识。哈尔施塔特人早期是将尸体火化后储存在骨灰瓮里埋葬，后来则转变为将死者随陪葬品一起埋在坟墓里。

早期的凯尔特人并不是唯一生活在哈尔施塔特文化圈中的人，其他民族和社会群体在贸易往来与日常交往所产生的文化影响下也形成了类似的生活方式。尽管如此，哈尔施塔特文化仍然在很大程度上定义了早期凯尔特人。因此，或许并非所有的哈尔施塔特人都是凯尔特人，但哈尔施塔特文化圈仍然可以被视作最早的凯尔特社会之一。

铁与盐于哈尔施塔特人而言是十分重要的商品。后者在保存食物方面的作用不可小觑。因此，控制盐铁贸易是有利可图的。良好的食物储备能力意味着可以养活更多的人，再用铁制武器武装战士，好战的民族便得以组建庞大而威武的部队。

盐铁生意与其他贸易使哈尔施塔特地区的凯尔特人得以繁荣发展并迁徙至新的地域。贸易还带来了思想文化的交流，使得相距较远的两个凯尔特部落在文化上不会相差甚远。

随着希腊黑暗时代的告终，哈尔施塔特文化逐渐发展起来，凯尔特人也四处迁移，不曾停歇。公元前600年左右，一群凯尔特人涌入西班牙。其后，希腊的前哨马西利亚[①]（Massilia）于如今法国南部的罗纳河（River Rhone）口建立，马西利亚就此成为一个重要的贸易中心。西部的凯尔特人可以在那里获得整个地中海区域的货物。

① 即马赛港 (Marseilles)。

拉腾文化

拉腾是瑞士的考古遗址，可追溯至公元前 500 年，它的发现使人们对后期的凯尔特文化有了更加深入的了解。拉腾文化似乎比哈尔施塔特文化更加崇尚战争，而这个时代恰巧也出现了多次移民和入侵。纵观历史，我们可以推断出凯尔特人曾在这一时期进行过几次大规模的迁移。当然，他们也不是唯一这样做的民族。不同的人可能在不同的时间因为这样或那样的原因迁徙。或许，一些人是为了寻找更好的居住地，另一些人则可能是为了躲避敌人，或者是离开令人感到不愉快的社会环境。但从总体上看，人口流动是持续的。

这种持续的小规模迁移令我们很难对一些事做出判断，比如，不列颠群岛究竟是何时被凯尔特人殖民的。有人认为，原始凯尔特人是在公元前 2000 年至公元前 1200 年到达不列颠的。此前，不曾有人踏足这片土地。后来进入不

右图 在哈尔施塔特开展的考古工作增加了人们对早期凯尔特文化的了解，但任何特定的遗址都只能展现一个特定地区被特定民族占领后的生活缩影。

列颠群岛的人中，一些人留了下来，与原始凯尔特人共同生活；一些人则通过贸易影响了原始凯尔特人的社会，但并没有在不列颠群岛定居。最终，这片土地在凯尔特人的直接占领与将其他民族“凯尔特化”的过程中成为原始凯尔特人的领地。欧洲其他地区的情况也是如此，但凯尔特人进入这些地区的过程会更容易，因此当地受到的影响也更彻底。

下图　尽管依据考古发现可以划分出明确的文化阶段，但拉腾文化取代哈尔施塔特文化以及随后的传播在大多数地区是一个渐进的过程，并受到了外界因素的影响。

如前所述，凯尔特人第一次翻越阿尔卑斯山发生在公元前 400 年左右。这使他们引起了罗马学者的注意，我们对当时凯尔特人的了解也大多来自这些学者的记录。据记载，凯尔特人此次远征非常成功，他们在意大利北部拥有了一席之地，且多年来一直是一股强大的势力。

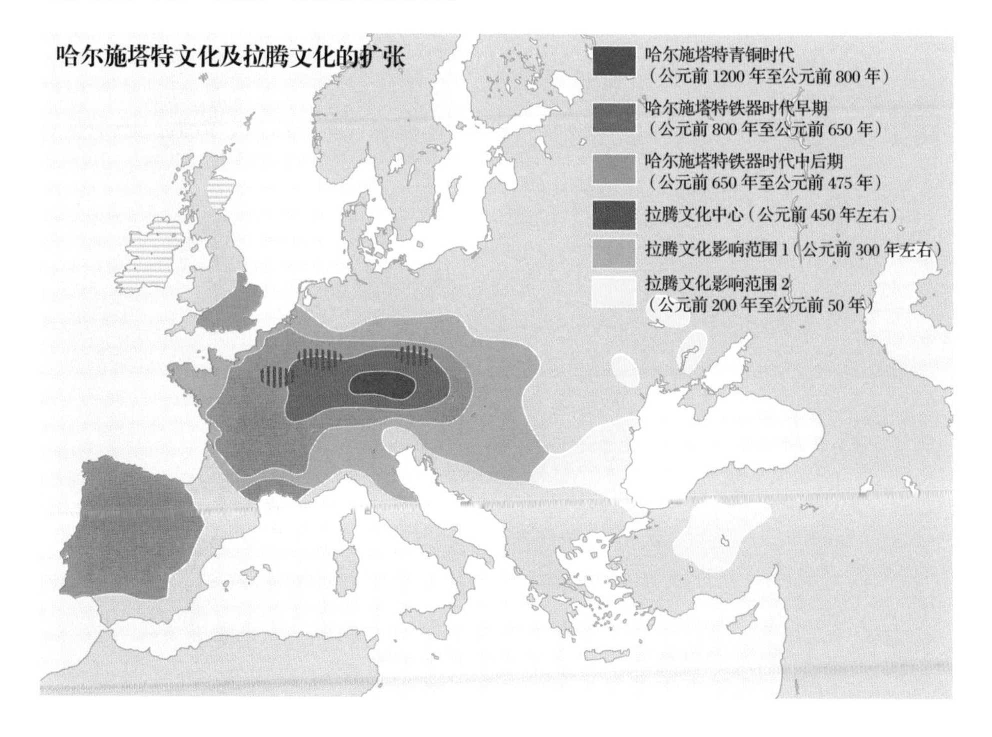

其实，早在罗马学者将自己对这些“野蛮人”的认识（以及他们的猜想）写成文字之前，凯尔特文化便已经成为铁器时代独树一帜的文化，也正是这种文化奠定了欧洲社会的基础。

上图 位于意大利北部弗留利地区奇维达莱（Cividale del Friuli）的凯尔特地穴（Celtic Hypogeum）显然是通过扩大一个天然洞穴建造而成的。有人认为这可能是一个墓穴，但它的具体用处仍然无法确定。

希腊与东南欧

凯尔特人向南扩散至巴尔干半岛（Balkans）的过程中，也通过马西利亚等贸易港口接触到了希腊文明。马西利亚城是由来自安纳托利亚半岛福西亚（Phocaea）的古希腊人在当地统治者给他们的土地上兴建的。自建城以来，马西利亚城的规模及重要性不断提升。在福西亚被波斯帝国（Persian Empire）占领后，许多居民迁往马西利亚等地。那时，马西利亚城已经大到可以兴建自己的卫星城了。

定居在马西利亚城周围的凯尔特部落是货物的主要来源之一，也是由马西利亚这一贸易枢纽联系起来的一个有利可图的市场。由于西欧几乎没有其他贸易港口，以结交远方潜在合作伙伴为目的的贸易主要在凯尔特人的领地上进行。这促进了当地凯尔特部落的繁荣，同时也促成了希腊人与凯尔特人之间有来有往的文化交流。

有希腊人称，凯尔特人通过与希腊人的贸易了解到了法律的作用以及合理发展农业所需的技能。但事实上，在希腊人到来之前，凯尔特人很可能已经掌握了这两方面的知识。罗马崛起后，马西利亚仍然是高卢和意大利（以及罗马世界的其他地区）之间的重要贸易枢纽。

从公元前 600 年左右开始，希腊便影响着凯尔特社会的演变。如果我们将哈尔施塔特文化与拉腾文化做一个对比，希腊的影响便不言而喻。这些影响部分来自马西利亚和罗纳河谷，但也有部分是通过与希腊中心地域的直接接触产生的。

凯尔特人与希腊人之间的往来可能已经持续了很多年。至少在有历史记录之前，双方就已经有了互动。哈尔施塔特文化走向成熟的同时，希腊人也正在走出他们的黑暗时代。凯尔特的商人或移民很可能就是在这时游荡到巴尔干地区并与当地的希腊人有了接触。

公元前 400 年左右，或许是在一些部落向南越过阿尔卑斯山进入意大利的同时，一些凯尔特人在多瑙河流域定居，并逐渐向东南方迁移。公元前 335 年，凯尔特特使与亚历山大大帝（Alexander the Great）谈判并达成约定——凯尔特人派遣战士协助他作战，一些人将前往意大利对抗伊特鲁里亚人，而另一些人则在其他地方充当雇佣兵。

公元前 323 年，亚历山大去世后，他的帝国四分五裂，凯尔特人得以进入巴尔干地区争夺领土。他们对希腊的入侵始于公元前 279 年。人们对入侵的原因有各种解释——从单纯的机会主义，到人口压力，再到饥荒期间寻找生产用地的需要。在与马

下图 许多凯尔特钱币的印花都展现出希腊文化的影响，后来的设计也多是相同印花的抽象版本。这或许表明希腊文化的影响在减弱，而只属于凯尔特人的艺术则渐渐成型。

对页图 凯尔特人裸体作战的说法是值得商榷的。在图中这个石棺雕刻作品及类似的艺术作品中，裸体是为了表现加拉太人（Galatians）和其他凯尔特人的野蛮。但以这种方式描绘凯尔特人也有可能是一种传统，而雕塑家只是在迎合潮流。

其顿军队的战斗中取得胜利后，这次“盛大的远征”在温泉关（Thermopylae）受到了周遭希腊城市守军的阻击。

虽然凯尔特人在温泉关曾成功包抄希腊军队，但在袭击德尔斐（Delphi）时他们还是被打败了。凯尔特大军中的敌对团体在事后互相指责，而希腊人则乘机进攻将他们赶出了希腊。但对于凯尔特人的远征是否一败涂地，历史学家们意见不一。诚然，凯尔特人是被迫撤退的，但有人认为他们的目的从来不是征服，而只是掠夺。在这场盛大的远征中幸存下来的凯尔特人确实带走了丰厚的战利品。这可能是他们一直以来的目标，也令他们战有所值。

一些参与此次远征的凯尔特人最终在色雷斯[①]（Thrace）定居，而另一些人则走得更远，在比提尼亚（Bithynia）为尼克美狄斯一世（Nicomedes Ⅰ）服务，并因此获得了安纳托利亚半岛（现代土耳其附近）的土地。公元前275年，凯尔特人获得的这块飞地以加拉太（Galatia）之名为世人熟知。与他们的欧洲同胞相比，加拉太人受希腊文化的影响更深。他们有时被称为“希腊的加洛”（Gallo-Graeci），也就是“生活在希腊人中的高卢人”。

加拉太的凯尔特群体因欧洲同胞的到来逐渐壮大，他们在该地的影响也持续了多年。当地部族十分重视加拉太的战士。即使这些战士与一些地方冲突并没有直接的关联，他们仍会以雇佣兵的身份参与其中，甚至被冲突双方同时雇佣。

加拉太战士受到重用并被征为雇佣兵。

公元前189年，加拉太被罗马征服，失去了独立地位。此后，除了本都王国（Pontus）统治时期，加拉太一直是罗马帝国的一个行省。在随后的米特拉达梯战争（Mithridatic Wars）中，加拉太人更是直接站在了罗马一边。虽然加拉太在公元前64年恢复了部落主权，但此时它已经高度罗马化，脱离了自身的文化根源。

① 即如今的保加利亚（Bulgaria）和土耳其地区。

伊比利亚与西欧

欧洲的原始凯尔特人向西迁移，最早可能在公元前1300年就来到了伊比利亚半岛（Iberian Peninsula）。公元前600年左右，当地又出现了第二次大规模的人口涌入。当这些凯尔特人将哈尔施塔特文化带至半岛时，他们发现那里已经有大量的居民。

早在公元前1100年，腓尼基人（Phoenicians）就在伊比利亚的加德斯[①]（Gades）建立了一个港口村镇。这个地方与地中海周围的其他港口一样服务于贸易往来。公元前600年左右，希腊人、迦太基人[②]与腓尼基人一同建立了迦太基新港[③]（Carthago Nova）。

这些文化主要存在于伊比利亚南部以及地中海沿岸，而后来翻越比利牛斯山（Pyrenees）来到半岛的凯尔特人则以东北部为原点不断扩散着自身的影响。一些典籍中记载了新的到访者与已经在伊比利亚定居的人之间的冲突。然而，作家们似乎并没有掌握确切的信息，他们记录下的主要是猜测和谣言。

---

① 今西班牙加的斯（Cadiz）。
② 迦太基（Carthage）是位于今天突尼斯（Tunisia）海岸的一个强大城邦。
③ 今西班牙卡塔赫纳港（Cartagena）。

上图 与许多地方相同，西班牙的凯尔特式村庄建筑也是圆形结构。但由于当地多石，所以居民一般用石头作为建筑材料，而不是以传统的编条涂抹法筑屋。

最终，这一部分凯尔特人成为伊比利亚人口的一部分，与当地其他民族通婚并在其山地堡垒周围创造了一种交融的文化。在罗马和迦太基的影响之下，“凯尔特伊比利亚”社会逐渐从部落文明演变为城市文明。布匿战争[①]（Punic Wars）时期，凯尔特伊比利亚人是迦太基军队中的一员，受其指挥翻越阿尔卑斯山并一直行军至意大利。而在迦太基战败后，他们则越发受到罗马的影响。

同时，这种影响也是双向的。当时罗马军队使用的双刃剑又被称为“西班牙剑”（Gladius Hispaniensis），是在伊比利亚发明的。它取代了适用于希腊式战斗模式的武器，成为罗马军队常用的武器。事实上，尽管早期罗马军队推崇希腊人的作战方式，但这种传统的战斗模式很少能帮助他们取得胜利。

对页图 “吉桑多的公牛”（Bulls of Guisando）是四座花岗岩石雕，创作于公元前200年至公元前100年。它们和其他类似的雕像一样可能是由维托涅斯（Vettones）各部创作的，并且都是凯尔特伊比利亚（Celtiberian）艺术的典范。

① 迦太基与罗马之间的三次战争。

罗马人将伊比利亚称为日斯巴尼亚（Hispania）。随着时间的推移，该地也日益罗马化。后来，迁移中的日耳曼人（Germanic）及摩尔人（Moors）先后侵入这里，引发了一系列的冲突和动荡。由此，凯尔特伊比利亚文化得以与其他文化习俗及价值观碰撞、融合。虽然部分凯尔特传统得以保存，但总体而言，该地区渐渐丧失了凯尔特民族的典型特征，形成了属于自己的文化身份。

高卢和北欧

走进高卢（今法国）对迁徙途中的原始凯尔特人来说并不是什么难事，甚至比进入意大利或伊比利亚更容易。至少，他们不再需要翻山越岭。没过多久，原始凯尔特人便带着哈尔施塔特文化及其前身踏上了高卢的土地。到公元前500年左右，高卢的大部分地区都出现了明显的哈尔施塔特文化痕迹，但这种文化很快便被更加尚武的拉腾文化所取代。

拉腾文化的兴起可能是因为该时期地区冲突更盛，但也可能仅仅是由于邻近部落的影响。当一个群体穷兵黩武时，其他群体出于自我保护的考虑也会朝着相同的方向发展。如果一个部落拥有装备完善的军队，想要并自认为有权对其他临近部落进行掠夺，那么对于这些临近部落来说，最好的防御就是拥有一支同样装备精良的部队。

此外，经济可能也是这场文化更替中的一股推动力。战士们可以为远行至马西利亚的商队护航，或者作为雇佣兵参与到地中海周围其他地区的战争中。他们可以为部落创造财富，以更加直接的方式确立自己的地位。

不知是出于什么原因，在与罗马接触之前的几年里，后来被称为高卢人的凯尔特人变得越来越尚武。因此罗马人将“野蛮人”的标签贴在了翻越阿尔卑斯山前来掠夺永恒之城[①]

① 指罗马城。——译者注

（Eternal City）的战士身上。此后，这个标签便一直伴随着所有长相、谈吐和战斗力与凯尔特人类似的人。

虽然“高卢人”是适用于活动在罗马边境的凯尔特人的称呼，但“高卢”是指今天法国及其周边的凯尔特人属地。因此，在不同的语境中，高卢人可以指来自高卢地区的人，也可以是与他们相似但来自其他地区的“野蛮人”。这可能会让一些罗马著作的读者感到困惑。

公元前 125 年，周遭的领地逐渐被罗马吞并，凯尔特人在高卢的统治地位首次受到了来自罗马的挑战。直到几十年后，罗马人才陆续入侵高卢其他地区。然而，即便统治当地几百年，罗马也始终未能彻底抹去该地区的凯尔特文化。罗马 - 高卢文化（Romano-Gallic Culture）构成了西欧早期封建王国的基础，并最终影响了西方文明的发展。

上图 这个雕像是装饰伊埃纳桥（Pont d’ Iena）的四个雕像之一，刻画的是一个高卢战士和他的战马。拥有马匹是一种身份的象征，即使在步兵中也是如此。

对页图 最典型的“罗马式”武器是西班牙短剑。它是由凯尔特伊比利亚战士手中的传统武器演变而来的。二者的锻造工序也基本相同。

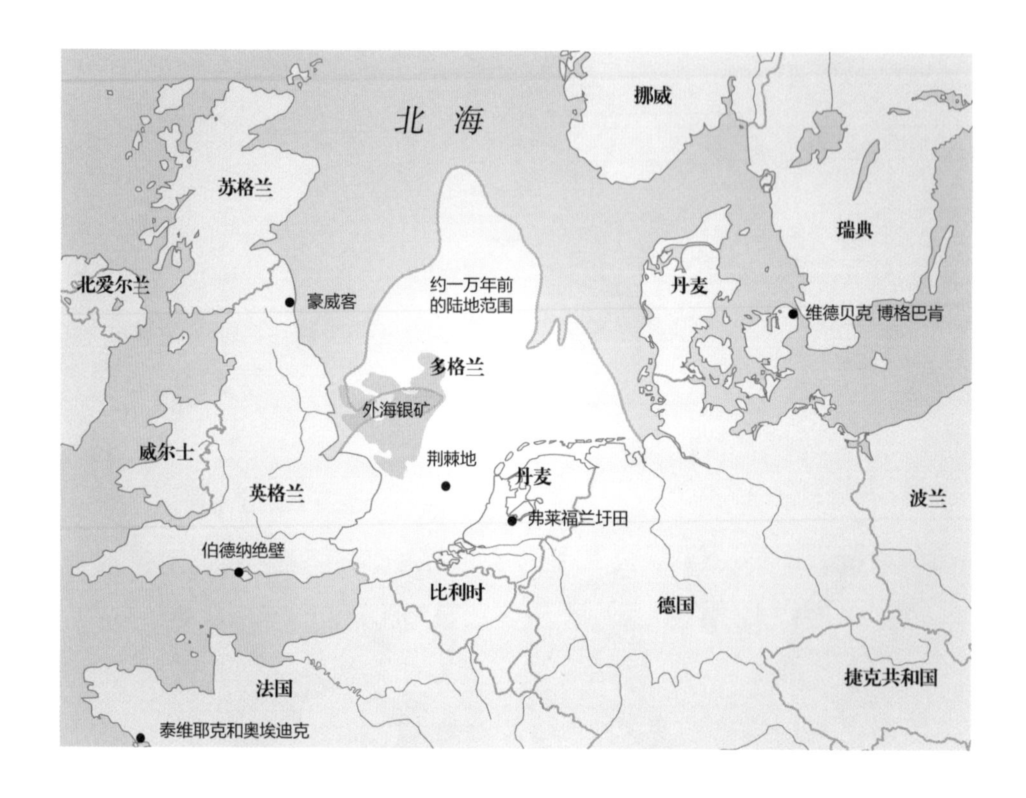

上图　远古人类一直都可以很容易地进入后来的不列颠群岛，直至公元前8000年至公元前6000年多格兰被淹没。即使在这之后，狭窄的海域也没有成为贸易、探险和小规模人口迁移的障碍。

不列颠群岛

有证据表明，早在80万年前不列颠群岛上就曾有人居住，那时气候都非常温暖。这些人并不是现代人类。无论如何，他们要么受气候驱使，不断南迁，要么在10万年前的最后一次冰河时代走向了灭绝。几万年来，不列颠群岛一直被冰雪覆盖。在大约2万年前，最后一次冰川期的高峰过后，冰雪迅速消融。

冰川的消融令海平面上升，淹没了多格兰[①]（Doggerland）等低洼地区，导致后来的不列颠群岛首先成为一个半岛，随后演变成一个岛屿群。随着冰川在上一个冰河时代末期的消退，人类很有可能通过陆桥进入后来的不列颠群岛。关于该地区与欧洲大陆隔绝的具体时间仍然存在很多争议，

① 现在是北海海床的一部分。

但这极有可能发生在公元前8000年至公元前6000年。那时，群岛与大陆之间出现了一片狭长的海域，阻碍了人类的步伐。

在半岛演变为群岛之前，不列颠地区已经有大量人口定居。人类在爱尔兰岛上居住的证据可以追溯到公元前8000年至公元前7000年，而当地人口数量到公元前1000年时已经相当可观。其中一些人可能是原始凯尔特人，另外的则可能属于其他群体，或者是在原始凯尔特人和其他已知种族之前就存在的一些未知群体。

凯尔特人或原始凯尔特人很可能是慢慢地迁移到不列颠群岛的。早期到达的人当中许多都是商人，他们在当地的买卖一结束就各回各家了。但随着不列颠地区的凯尔特人逐渐增加，他们的文化在当地也成为主导。

大量的凯尔特人在公元前500年至公元前100年涌入不列颠群岛，其中一些是为了逃避当时罗马在其家乡开展的征

凯尔特人或原始凯尔特人很可能是慢慢地迁移到不列颠群岛的。

上图 不列颠群岛各处都有凯尔特式建筑。当地人常常在天然防御屏障的基础上用石头和泥土加以巩固，创造出一个防御完备的居住环境。这表明，冲突在当时的不列颠群岛并不稀奇。

服行动。事实上，他们的祖先可能早在1000年前或1500年前就已经来到不列颠群岛了。这些新来的人融入了在血缘上、文化上与其具有许多相似之处的群体。由此，一个凯尔特社会逐渐在不列颠群岛成型。

这个社会与欧洲大陆受拉腾文化影响的社会一样尚武。士兵保家卫国，而战斗能力往往也是对统治者的要求。在这里，防御完备的聚落屡见不鲜。其中一些非常小，不过是几处房子，有些甚至只是一个大家族的住所。当地人还建造了穷工极巧的山地堡垒。虽然这有可能是出于习惯，但笔者认为并非如此。

无论修筑多么基础的防御工事，都需要投入大量的时间和精力，且不单只以防御为目的。凯尔特人在不列颠群岛修建的防御工事也是如此——他们需要建立起完备的防御系统以应对自然灾害与敌人入侵。也许防御工事具有震慑的作用，也许它们同时也是建设者身份的象征。那些能够在谋生之余抽出时间来修筑防御工事的人显然是很富裕的。当然，这些推断也可能同时成立。

对页图　这是爱尔兰梅奥郡（County Mayo）巴利纳城（Ballina）的一个铁器时代的住宅。但要确定一个建筑是属于凯尔特文化，还是属于可能受凯尔特人生活方式影响的其他铁器时代文化的，有时会很困难。

随着时间的推移，不列颠群岛上的各个凯尔特群体形成了不同的特征。爱尔兰岛上的凯尔特人可能是通过陆路从苏格兰而来，并逐渐扩散到全岛。随着海平面的上升，从不列颠群岛其他地方进入爱尔兰变得更加困难。因此，岛上的凯尔特人便逐渐与外界隔绝。他们的住房通常是一个位于山顶的小型堡垒。这些堡垒被称为“拉斯”（Rath），爱尔兰的许多地方都因此而得名。

尽管爱尔兰是连罗马帝国都无法触及的一片土地，但维京人在那里定居下来。他们与凯尔特人一起生活，并时常与他们交战。有时，维京人也会卷入牵涉多个凯尔特部落的战争中，参与他们之间的互动。几个占地面积广阔而实力强大的城镇随着维京人的到来而崛起，凯尔特社会则以各自的家族和部落联盟为中心发展，变得更加分散。

威尔士和苏格兰的凯尔特人受罗马的影响相对较小。威尔士虽然被罗马军队征服，但与大陆上的主要殖民地相比，它并没有受到严格的控制。与后来的英格兰相比，它的罗马化程度也并不算高。因此，凯尔特文化也能以一种更加完整的形态在那里留存下来。

尽管罗马曾多次尝试将现在的苏格兰地区纳入帝国的控制范围，但每一次罗马人的入侵都被当地人成功地阻止了。边境一带的部落与罗马不列颠往来的同时也受到了罗马价值观的影响，但这种影响并不足以将其文化改头换面，更北边的部落受到的影响则更小。然而，不列颠群岛的其他地区在被征服后严重罗马化，最终形成了罗马不列颠社会，凯尔特文化的影响在这一过程中则被削弱了。

公元前800年，原始凯尔特人逐渐发展，形成了我们所了解的凯尔特社会。在此之前。原始凯尔特人中便已经存在一系列与后来的凯尔特文化相关联的特征。这些特征在某种意义上促成了公元前3500年左右出现的文化转变。人们普遍认为，原始凯尔特社会起源于这一时段的东欧，并逐渐扩散到北欧以及希腊北部，最终越过阿尔卑斯山进入意大利。

在威尔士，大小不一的凯尔特环形防御工事比比皆是。这些防御工事可能是土质或石质的，也可能有一面由木桩组成的围墙。威尔士人称其为“拉斯”。

右图 随着时间的推移，原始凯尔特语逐渐分化，形成了许多互相关联却又独树一帜的凯尔特语族语言分支。如今，由原始凯尔特语分化出的许多语言仍然存在，甚至在一些地区受到教育项目的特别保护。

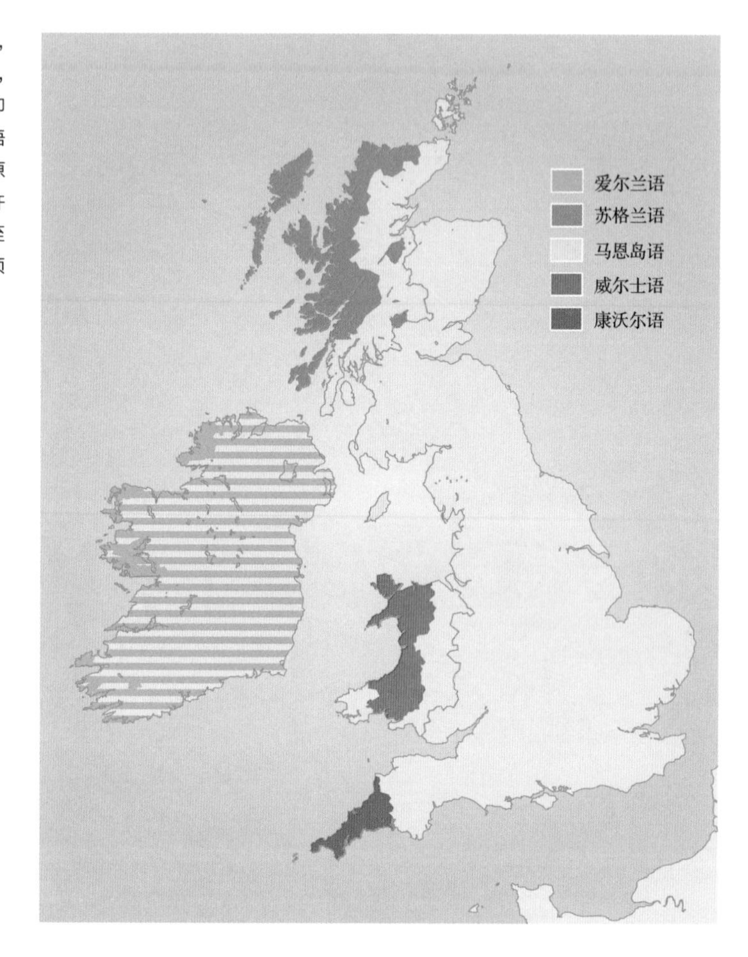

凯尔特语

凯尔特人是由一个共同的语族联系起来的，现在一般称其为古凯尔特语族（Old Celtic），与日耳曼语（Germanic）及意大利语[①]（Italic）同属印欧（Indo-European）语系。三个语族的许多传统和社会结构都很相似，因而共同形成了一个分布广泛、具有地方差异的文化群体。对于公元前 800 年左右的旅人来说，位于欧洲两端的凯尔特人所具备的相似之处可能是令人惊讶的。但对如今的我们来说，这是可以解释的，因为凯尔特和原始凯尔特社会的发展可以从早期的欧洲文化中追溯。

欧洲的大多数语言都有一个共同的起源，那便是公元前 3000 年至公元前 2000 年发展起来的一种语言。从这一原始语言中产生了凯尔特 – 意大利（Celto-Italic）

① 拉丁语（Latin）的前身。

语族，语族其中的一种发展成为拉丁语，后来又演变为名叫罗曼斯语（Romance Languages）的现代语族。

戈伊德尔语（Goidelic）和布立吞语（Brythonic）是凯尔特语族的两大主要语言，从原始凯尔特语发展而来，并逐渐演变成后来的盖尔语（Gaelic）。尽管从一些地名和其他语言的词汇中还能看出凯尔特语的痕迹，但许多凯尔特语言，特别是大陆语支，如高卢语，都已经消亡。有些语言，如布列塔尼语（Breton）、威尔士语、爱尔兰语和苏格兰盖尔语，在本土地区仍有大量的母语或第二语言使用者，甚至在美洲也仍有少数人使用。

布立吞语，即"p 系凯尔特语"，是威尔士语、康沃尔语（Cornish）和布列塔尼语的前身，比戈伊德尔语更晚出现在不列颠群岛。布立吞语的出现可能是欧洲大陆移民的结果，它来源于不列颠语，也就是公元前 100 年左右在不列颠群岛占主导地位的凯尔特语。

戈伊德尔语（或"q 系凯尔特语"）出现的时间则更早。公元前 2000 年至公元前 1200 年，大陆来的移民和商人就将这种语言带入了不列颠群岛。此后戈伊德尔语在爱尔兰占主导地位，也逐渐成为当时苏格兰地区广泛使用的一种凯尔特语。爱尔兰戈伊德尔语（通常称其为爱尔兰语）和苏格兰戈伊德尔语在"凯尔特时代"结束后受到北欧语（Norse）等其他语言的影响，继续沿着不同的路径演变。

尽管不同地域的凯尔特语存在差异，但共同的根源使任何一个凯尔特人都有可能与来自其他部落的同胞顺畅地交流。这种语言的共性不仅仅是字词层面的，它更是基于类似的思维方式和一套共同的价值及信仰体系的。对外人来说，不同的凯尔特族群在样貌、语言甚至行为上都相差无几。然而，对凯尔特人自己来说，这些差异是非常明显的。

下图　基尔那萨格莫基石（Kilnasaggart Stone）是爱尔兰已知的最古老的刻字石碑之一。碑上铭文和附近的早期基督教墓葬表明它是由基督教徒所建。但石刻这种概念的产生可能早于基督教在爱尔兰出现的时期。

CELTIC

SOCIETY 凯尔特社会

虽然凯尔特人总是被形容成暴躁的“野蛮人”，但事实并非如此。他们拥有出色的金属加工技术，能够打造高质量的武器。除此之外，他们还能制造基本的农业生产工具和精致的珠宝。

对页图　尽管有时凯尔特人被简单地理解为“野蛮人”，但他们完全有能力建设大型城镇，并通过其复杂的贸易网络将各地联系在一起。位于加利西亚（Galicia）的这个城镇中有数百座住宅。也就是说，当地人口应有数千人之多。

通常，凯尔特人与其他部族之间的往来是和平且有意义的。通过与远方文明社会的贸易，他们能为一个地区带去短缺之物，并将那里盛产的东西带到其他地方造福他人。

凯尔特人的社会体系相对完善，足以影响欧洲的大部分地区，至少大多数情况下凯尔特社会是以一种能够保障社会安定的秩序为基础建立的。这种秩序对于社会繁荣是必要的。只有社会稳定，经济才能蓬勃发展。

如果没有这一前提，即使是像耕作和畜牧养殖这样基本的经济活动也会变得杂乱无章，最终使供给降低，无法保障人们的基本生活。虽然抢夺牲畜一类的暴力纠纷并不少见，但凯尔特人的社会秩序让事态始终保持在可控的范围内，为社会专家解决问题争取了时间，也防止社会走向崩塌。仅凭他们可以生产精美的装饰品和高质量的商品这一点，便足以说明凯尔特人的社会体系在大多数情况下是稳定的。

如果农场和牲畜业不断地受到攻击，基本的食品生产就会受到严重破坏，社会因此也可能倒退至仅能维持个人生存的水平。维持统治阶级、战士、宗教领袖和专业人员（如金属工匠）的社会活动需要足够的余粮，以便生产者有能力将这些粮食用于交换。强者可以暂时从弱者手中夺走粮食，但过于频繁地剥削农民也会导致生产力的下降。于是，成群的凯尔特战士投身于田野或森林，开始狩猎或进行农业生产。

假设生产者得到了充分的保护，那么日常工作基本能够顺利进行，而要想保持社会的运转效率，人们还需要对商品和服务的价值予以肯定。一名战士可以简单地以严重的后果来要挟农业生产者，向他们索取一定数量的食物。但如果一个社会中的农民阶层对他们的战士有信心，并认为支持他们是有价值的，那么这个社会的运作将更加顺利。

由于部落间的冲突和普遍的低级别暴力事件并不罕见，因此，能够保护部落安危且经验丰富的战士确实具有显而易见的价值。从突袭中归来的战士或者成功抵御敌人攻击的守军都是明显的力量标志，可以让生产者放心。那些在战斗中受伤或死亡的人则提醒人们，精英们为自己的地位付出了代

上图 凯尔特农民是凯尔特社会的基石。如果没有足够的食物，凯尔特人就很难实现其他的目标。凯尔特人能制造精良的工具，这提高了生产力，也使他们得以从事不同类型的经济活动。

价。在一般情况下，战士和农民之间的关系建立在相互尊重的基础上。两个群体都认可对方的价值并愿意支持彼此。这种相互包容的社会远比任由武装阶层强取豪夺、压榨他人的社会要和谐得多。

凯尔特部队

虽然凯尔特社会不支持职业军人的发展，但许多首领身边都有一群装备精良、技术精湛且作战可靠的战士。当首领需要人去处理问题时，这些战士便是他们的第一选择。虽然这些战士不是职业军人，但他们也相当有经验。如果部落的普通民众组建起一支更大的队伍，这些经验丰富的战士就成为他们学习的榜样。即便战士们并不需要对这群相对弱势的人负责，他们仍以身作则教民众如何战斗。

凯尔特战队是一个非正式的团体，以相互尊重、战斗实力和彼此信任为基础。如果凯尔特社会瓦解，这些战士可以通过言语威胁或暴力行动迫使其他人服从自己的命令。但在大多数情况下，他们仍然只是公认的社会秩序的一部分，与其他社会角色是相辅相成的。如果这些战士在敌人突袭和其他麻烦到来时不得不冲在一线，那么就不能指望他们像农民那样在战争期间留守家园、维持生产。在一个和谐的社会中，每个人都能理解其他人所扮演的角色。更重要的是，他们同样也能准确把握自己扮演的角色。

专业人员能够获得的好处则更明显、更实际。一个金属工匠可以制造农业及手工业生产所需的工具、战士的武器以及可以用于交易的或作为财富和地位象征的装饰品。与农牧民一样，手工业生产者同样需要稳定的环境才能发挥自身的作用。破坏他们的生产活动，无疑被视为对社会不利。

凯尔特人的社会秩序能够保障社会稳定，尽管时代的发展状况会影响其作用的发挥，但这种秩序仍然有显而易见的好处。社会的上层由部落首领、行政长官、能工巧匠以及宗教人士组成，其下是生产阶级。这种公认的社会秩序所提供的稳定性令生产阶级有能力产出足够的食物支持社会上层的活动，而社会上层反过来也能够为生产者创造便利的工具，通过贸易带来财富，为部落战士提供更好的装备。凯尔特社会的繁荣同样可以从他们对饰物的热爱中看出。他们制作的都是艺术品。首饰有青铜或黄金制成的项圈和臂环，衣服不仅蔽体保暖，还精致美观。事实上，鲜艳的色彩和复杂的编织图案对于衣物来说并不是必需的，但它们既讨人喜欢，又能显示身份。如果凯尔特人真的是每天为了生存就已经竭尽全力的野

左图　最初，即使那些拥有马匹的人也会下马作战。但随着时间的推移，骑马作战变得越来越普遍。在高卢战争（Gallic Wars）时期，许多高卢部落都能召集起一支实力不俗的骑兵部队与恺撒大帝作战。

对页图 这枚精致的捻金胸针展现了凯尔特人金属加工的水准。一个不那么繁荣的社会是不会有闲心来制作如此雅俗共赏且精雕细琢的首饰的。

下图 农业生产是获取食物的主要途径，此外狩猎也能支持部落成员的生活。弓箭很少用于战斗，却常用于狩猎；宽刃长矛则在两种情境中均有使用。

蛮人，那他们又怎么会有闲工夫去关心自己的穿戴是否赏心悦目或显示地位呢？往往只有文明才能创造美，而凯尔特人创造的美恰好就证明了他们的社会发展程度。

“文明”这个词很少（如果有的话）被用于形容凯尔特人，其原因并不总是显而易见的。古希腊人曾和凯尔特人一样分散，且类似于金属加工这样的重要技术也并没有高凯尔特人一筹。也许是因为缺乏客观的书面记载、伟大的艺术作品以及名人雕像遍布的著名城市，凯尔特文化始终称不上是一种“文明”。或者，原因可能仅仅是他们曾与历史所崇尚的文明作对。

不管是什么原因，凯尔特文明确实是一种不常见的说法，但他们的社会具有古代文明的所有特征：社会稳定、贸易兴盛、依法而治以及初期的社会习俗、艺术创作与复杂工具的使用。他们拥有被视为一个真正文明的一切必要条件却不得

其果，决定性因素也许是，凯尔特人的遗迹往往是野外的一些布满奇怪图案的孤石和由此而来的误导了几代人的神秘“野蛮人”形象。而由纪念碑遍布的大城市创造的便可能是一个截然不同的形象了。

部落、氏族与家庭

我们可以从不同的层次去理解凯尔特社会。首先，每一个层次都可以被视作一个日益壮大的家族。这些“家族”中最大的是部落。当然，同一个部落中也并不是人人都有关联。只是，部落的含义是丰富的，并不仅仅代表着简单的联系。部落首领和重要人物对部落成员来说就是权威。这种权威比今天的政府官员或中世纪国王的权力更具有家族性。

> 虽然个人可以拥有土地，但归根究底土地仍是整个部落的财产。

虽然个人可以拥有土地，但归根结底土地仍是整个部落的财产。同样，这个道理也适用于牲畜。这种明显的矛盾意味着，人们可以把土地算作自己的财产，却不能将其出售或

跨页图 酋长大厅是部落首领热情招待客人的地方，而不是显摆身份地位的场所。况且，人的行为往往比建筑本身更重要。毕竟，访客总是会更多地关注主人的品格而不是他家的建筑。

交易。在这种情况下，即便有人在他人的劝说或威胁之下同意出售土地，这场买卖也不能真正实现。虽然部落成员可以出售自己圈养的牲畜，但这也需要得到部落的许可。随着其他社会文明对凯尔特传统的影响，这种共同所有权的概念在欧洲大部分地区消亡了，但它确实也在苏格兰高地（Highland Scotland）延续了很多年。

在这样的制度下，部落统治阶级的日子并不好过。虽然部落首领可以决定如何处理部落的财产，但他并不能以所有者的身份做出决定。如果一个首领认为自己可以随意地对民众发号施令，那么他很可能会因引起民怨而无法长期任职。所以部落的领袖必须尊重民众的意愿，即便有时民众的意愿并不完全一致。

土地利用

对于那些利用土地进行生产的人来说，耕种是一项公共活动，无论是否拥有土地，每个人都应当参与其中。犁地、种植和收割是大规模的活动。小农场主各尽所能可能也只是刚好完成任务，而许多人一起工作则可以提升效率。

接纳土地共同所有制与合作耕种的生产模式就好像是部落成员对部落的一种投资。个人的努力能够带来部落的繁荣与成功，而整个部落的福祉则影响到每一个成员的生活水平。这种关系有利于促进部落成员相互尊重，避免恶性竞争。但要维系这种关系，更需要的是部落成员之间彼此信任，所有人不偷奸耍滑，在工作中也不遗余力。

一个人如果不称职，不能满足其他部落成员的期待，就会被他们看不起。自然，总有人喜欢不费吹灰之力地从别人

上图 古代凯尔特人很可能发明了一种简易收割机。它能将麦穗切断，并在向前推动的过程中收集麦穗。这项发明在“凯尔特时代”之后就不再被人使用了。甚至，在后来的一千多年里都无人知晓。

对页图 这幅图是根据位于康沃尔郡（Cornwall）契索斯特村（Chysauster）的遗址绘制的古凯尔特村庄。这种特殊的房屋只常见于海峡群岛（Channel Islands）和康沃尔郡。每个住宅都有一个带围墙的院子以及一些倚墙而建的外屋。

的付出中获得好处。但在凯尔特人中，付出同样的努力，甚至比别人做得更多，是赢得尊重的一种方式。

在一些地区，许多传统的游戏或体育竞技依然存在。这些游戏或竞赛大多起源于工作中的比试，比如把木桶或其他重物扔过障碍物，或把干草包从一端运送到另一端。我们不难从这些简单但对体力要求很高的游戏中看出它们来源于哪一个工作领域。然而，我们很难说某一传统运动是否是由凯尔特人创造的。人们在设计某种竞赛或游戏时总是倾向于就地取材，因此这些游戏在不同地区也会有不同的呈现方式。

大多数的传统运动是力量、耐力或技能的比拼，或许有少部分还是对技术的一种考验。在很多时候，传统运动是一种单纯的挑战，仅仅是为了证明“我可以比你做得更好”。这通常也是人们谋生手段的一种夸张呈现。除了娱乐之外，这些竞赛还有助于巩固社会秩序。那些凭借非凡的力量或经验脱颖而出的人往往能受到其他人的崇敬。这对每一个凯尔特人来说都很重要，谁都希望通过自己的外表、能力和一些必要的吹嘘，来获得部落成员的称赞与肯定。

部落是凯尔特人最大的政治组织，在某种意义上，它也是一个国家的缩影。一般来说，部落是区分“我们”和“他们”的标准。凯尔特部落与其他部落或外部团体之间的关系会随着时间的推移而改变。他们与贸易城邦、港口或新兴的罗马共和国这样的政治实体之间的关系从不是一成不变的。部落内部也可能存在争端，但总体而言，部落是划定凯尔特人与谁亲近、同谁承担责任的一个重要标准。

氏族

部落之下的分支通常被人称作“氏族”，其中一些氏族几乎独立于部落而存在，与其他氏族有着完全不同的习俗。尽管部落各支系都血脉相连且共同效忠于部落，但他们或多或少是相互独立的。一般来说，任何时代的人都倾向于在一个相对较小、关系也更亲近的群体中寻找自己的定位。他们在小团体中获得的归属感一般会比在大集体中获得的归属感更强烈。相比国家，人们更加熟悉自己家乡所在的城市、省份或地区。

人们对氏族与部落的态度往往也是如此。凯尔特人与同氏族成员的互动更多，对氏族的忠诚度更高，与氏族或家庭的联系也更加紧密。凯尔特人的家族观念与如今人们对家庭的看法略有不同，他们认为，亲近的人应当一起生活、一起工作，人们或是血脉相连，或是结为姻亲。

许多凯尔特人生活在几代同堂的大家族中，作为一个社会经济个体共同经营着一个农场或养殖场。这种团体中往往存在社会等级的划分，而这种等级制度也在邻

近地区、氏族、部落中大规模出现，包括氏族、部落以及整个辖区。在许多方面，部落的国王扮演的是一家之主的角色，其掌权方式与氏族里的族长极为类似，只是国王掌管的是一个更大的家族罢了。

凯尔特人没有神授王权或世袭王权的概念。国王和酋长的选举会参考民众的赞誉和满意度。虽然一些家族中曾有不少人身居高位，甚至出了好几个国王，但每个人都是通过选举获得相应职位的，也只有获得部落的持续认可才能维系手中的权力。动乱无益于任何人，所以人们一般不会强行让一个酋长下台。虽然酋长不必一直讨好选民，但他必须明白，如果失去人们的信任，他将被更加优秀的人取代。如果没有合适的继任者，即便一个酋长不招人待见，也仍有可能留任。或者，如果他能够说服或威胁部落成员相信自己是他们最好的选择，他也可以保住现有的位置。

国王和酋长的管治必须经过民众同意。如果他们想保住自己的地位，就必须清醒地认识到这一点。国王和酋长通常是男性，但也不全是。依照凯尔特传统，女性

也可以被推选为要员，一些部落甚至长期由女性管治。这无疑会令外界感到困惑。比如，某些罗马作家对边界附近如秃鹫一般凶残的凯尔特男人见怪不怪，但他们很难相信这群“野蛮人”可能是由女性管治的。

凯尔特人的酋长和国王并不像后来的国王那样是绝对的统治者。事实上，他们的角色在某种意义上是一个由民众任命的行政官员，有一定的决策权，但主要职责仍是执行决议，而不是做出决定。至少明面上酋长不会制定也不能制定法律，不能规定部落应该做什么。或许，一些得民心的酋长会立规矩，民众也心甘情愿服从、追随。然而，他们最重要的职责仍然是保障部落成员的共同意愿得以实现。

但这有时会产生一些问题，因为同一部落的不同地区也可能有着完全不同的需求，部落成员之间可能无法达成共识。一个有魅力的酋长得到民众信任，可以调和分歧并领导他的部落朝正确的方向发展。相反，一个不受民众信任的领袖或一个比较分裂的部落可能会因为过于民主而在关键时刻无法及时行动。

对页图　如许多描绘凯尔特社会的图画一样，这幅关于部落国王宴会的图或许反映的是创作者的猜想，而不是史实。总体给人的印象仍是中世纪文化而不是凯尔特文化。

右图　这是一个携带长矛、盾牌和利剑的高卢酋长。他佩戴着包括臂环在内的许多饰品。这一方面是为了显示财富与地位，另一方面是因为凯尔特人原本就很爱美。

罗马人将德鲁伊描绘为“恶棍”，专门举行黑暗且血腥的仪式。

凯尔特人的社会秩序

凯尔特人的社会等级是动态变化的。每个人都可以通过努力工作获得更高的地位，或者因为时运不济而跌入底层。由于部落首领是由选举产生的，照理说，群众中的任何人都可以脱颖而出，成为国王。实际情况却要复杂得多。任何一个凯尔特部落中都会有一些因为财富和过往的贡献而受人追捧的家族。

因受敬重，部落首领往往也从这些家族中产生。若非出身于这些家族，要进入部落统治阶层便是机会渺茫，几乎没有谁会把一个普通人当回事。总的来说，这群既定的领导候选人相当于一个贵族阶层，对万事万物享有优先权。由于富裕或受人敬重的人总有极大的影响力，这种优待也就并不出人意料了。然而，至少据官方的说法，凯尔特人的等级是由个人在部落中的职能决定的。

如前所述，在一个部落中，国王和酋长的地位最高，其次是由德鲁伊和吟游诗人组成的专业人员阶层。所谓吟游诗人，是指一群用诗歌和乐曲记录、传颂往日故事，守护历史文化传统的人。同许多民族一样，特别是北欧民族，凯尔特人更愿意把他们的文化记忆托付给专业的诗人，而不是以文字的形式记录下来。吟游诗人不仅追忆过往，还创作新的乐曲和诗歌记录当下。他们接受了多年的训练，在凯尔特社会中受到高度重视。尽管“吟游诗人”一词曾一度带有贬义，但后来，它的意义已经完全不同，且更加积极正面。

德鲁伊的权力

除吟游诗人外的另一种专业人士——德鲁伊，在凯尔特社会中拥有很大的权力，有时甚至比酋长或国王的权力还要大。今天人们对德鲁伊的“了解”基本是来源于他人的杜撰。在罗马人的记述中，德鲁伊是一群“恶棍”，执着于举行黑暗且血腥的仪式，通过阴暗的魔法，使人们惧怕，并以此控制他们。由于德鲁伊基本都被罗马人清除了，这种与实际大相径庭的说法便更加深入人心。

同样，18 世纪时，人们之所以重新开始关注德鲁伊，主要也是基于对德鲁伊这一类人的理想化推测，甚至只是一厢情愿的猜想。尽管那时提出的许多观点已经成为一种普遍的认知，但现代学术研究表明，这些“认知”大多是错误的，有时甚至是随意编造的。

德鲁伊是一个复杂的群体。他们是宗教人士，但也充当医生和律师。他们可以调解纷争，并拥有跨部落的权威。这种地位使他们有能力在必要时出面解决部落之间的冲突。许多时候，他们的话比酋长的话更有分量。然而，一切的权力都是以极其漫长的磨炼为代价的，有的人甚至要用二十年的时间来换取德鲁伊的身份。

由选举产生的官员在凯尔特社会中的地位处于训练有素的专业人士和部落群众之间。这些人是部落的管理者，而酋长则是他们的领头羊，地位最高。他们负责监督部落大计的

下图 德鲁伊的形象总是神秘的，甚至连骄傲的凯尔特战士也敬仰他们并服从他们的指令。尽管在一定程度上，这种广为流传的形象是捏造的，但无论德鲁伊的神秘力量是什么，他们在凯尔特社会中拥有巨大的权力和影响力却是事实。

落实。比如，若有人的田地收成不好，那么他们便要在食物再分配中保障这些人的温饱。不仅如此，他们还负责监督架桥铺路等基础设施建设。

对页图 家族是凯尔特部落的核心。典型的凯尔特家族不仅耕种土地、饲养牲畜，还在危难时刻为部落提供战士。

凯尔特部落的主要社会群体是经济生产者。部落中拥有土地并进行耕种的农民或具备类似作用的铁匠等构成了部落的财富支柱，他们是对部落收入影响最大的成员。这类人在部落的管理上有很大的发言权，对部落的贡献也最大。而那些没有土地，或受雇于他人的人，地位则较低，因为他们对整个部落的贡献较小。

凯尔特社会底层

凯尔特社会中地位最低下的是那些失去自由的人。由于凯尔特人不认为人是可以被占有的，这些人不是传统意义上的奴隶。凯尔特社会的底层是由那些欠下部落债务的人构成的。在清偿债务之前，他们都没有自由可言。这类人既包括服役的罪犯，也包括战俘。后者尽管不会受人奴役，却会被扣留。凯尔特人会给战俘安排工作，让他们自食其力，直到他们的家人或部落支付赎金将他们领回去。但战俘如果不老实，也可能被当场杀死。

俘虏敌人以获取赎金是一项传统，能达到多种目的。首先，这显然能给那些收取赎金的人带来财富。同时，这表明存在一套赦免机制，去宽恕战败的敌人，也意味着俘虏最终可以回家，继续耕种田地或制作手工艺品，而不是使那个部落失去一个有经济价值的人。其次，以赎金换俘虏的做法减少了战争伤亡，有助于将部落间的冲突维持在可控范围内。旷日持久的战争，至死方休的拼杀，会使所有参与其中的人身心俱疲，而可控的冲突则不至于使任何一方损失惨重。从长远来看，这对整个凯尔特社会是有利的。

如果凯尔特社会中存在一个职业军人阶层，情况可能不会如此。但凯尔特人并没有常备军，甚至不曾有过一个职业战士群体。在战争时期，

在战争时期，大部分战斗人员来自农民、工匠阶层。

上图 虽然图中这个高卢人看上去像是一个猎人，但他似乎为战争做好了准备。长矛可以用来打猎，但对付他手中的猎物似乎不太合适。捕禽时也不需要盾牌来保护自己。

大部分战斗人员来自农民、工匠阶层，还有一些来自地位较低的雇佣工人阶层。但他们之中仍有精英，这些精英或是积累了丰富的经验，或是拥有厚实的家底，能够抽出时间进行训练。

经验丰富的战士可以靠赎金这一项收入过上好日子。尽管部落中其他成员也会上战场，但在任何战争中，大部分伤亡者都是这群有土地或有技能的自由人。他们对部落的经济价值是相当大的。即使不考虑失去兄弟、儿子或父亲对个人的影响，一个部落成员的死亡也会影响到其他的每个人。因此，如果能赎回被俘的人，部落的利益也就实现了最大化。

经济和贸易

一个经济体最基本的任务就是养活人口。进口是一种可行之法，但更常见的是通过农业、牧业、渔业生产以及狩猎获取食物。食品生产是所有社会的基石。没有足够的食物，凯尔特社会早就不复存在了。

但幸运的是，凯尔特人在食品生产方面具有得天独厚的优势。铁制工具的出现使他们能够制造出更先进的犁，开垦更加黏重的土地。早期的犁通常是用木头做的，只能在地表刮出一条浅浅的沟，也只能用于开垦土质足够松散的地域，比如高地。铁犁却可以用于低地的耕作。低地的土壤往往更黏重，也更肥沃。有了铁犁，人们不仅可以垦荒，还可以时常翻动土壤，而不仅仅是在土地上开槽。

对页图 重型牛犁使凯尔特农民得以在更深厚的土壤上开展农业生产，同时也提高了土地生产力。它的发明促进了人口的迅速扩张，最终使凯尔特人遍布整个欧洲。

尽管工具的改进使凯尔特人的生产力得到了提升，但耕作始终不是一件容易的事，需要人和耕牛的配合。饲养耕牛是一项巨大的投资，大多数农户都负担不起这样一笔开支。但若是多人共同承担，那便要容易得多。此外，耕牛犁地往往转弯困难。因此，那时的耕地总是又长又窄。但同样，如果人们选择合作，几个农户的土地便可以合而为一进行垦殖，提高生产效率。

盐对食品生产也很重要。盐本身就是一种调味品，但更重要的是，它可以防止食品变质，保障过冬食物的储藏或贸易中的运输。哈尔施塔特地区有好几个盐矿，有利于食品的生产与储藏，同时盐的贸易本身也让人们获益匪浅。

锡在哈尔施塔特地区也并不少见。这种金属对青铜器的制造至关重要。在青铜时代，锡的贸易也很广泛。青铜器的没落与铁制品的普及可能是因为铜矿减少，青铜时代分崩离析。铜是青铜器中另一重要成分，而随着主要铜矿渐渐消亡，凯尔特人越发需要一个替代品，铁便成为不二的选择。

虽然铁比铜或锡更加珍贵，更难从矿石中淬炼，但以铁制成的武器和工具并不一定比得上青铜器，早期的铁制品便不如青铜器耐用。然而，当铜的产量足以恢复青铜器的大规模生产时，铁匠技术的改进使凯尔特人已经没有理由再回到青铜时代了。

盐、锡和后来的铁制品都是凯尔特人在哈尔施塔特地区的重要出口商品，这些凯尔特人也因处于贸易网络发展的中心位置而受益。沿海的船运和货车运输发挥着基础性作用，而高效的公路运输网络也促成了整个欧洲的贸易。

不论何地的凯尔特人都以金属加工技术而闻名。他们的装饰品，尤其是用黄金制成的首饰远销各地，供不应求。武器也是如此。此外，他们的服饰也十分精美。衣服往往被染成鲜艳的颜色，再搭配上醒目的图案，不仅质量上乘，还赏心悦目。

右图 这一青铜马雕像的外观相当原始，可能是儿童玩具，也可能是学徒作品。谁也不能在一夜之间学会制作精美的珠宝或耐用的武器。只有熟练掌握了这门手艺，才能创作出更加复杂的作品。

凯尔特人用这些货物可以换取他们日常需要的任何东西，多余的也可以用来购买奢侈品。希腊葡萄酒便是广受凯尔特人喜爱的一种奢侈品。在一些凯尔特遗址中，人们发现大量用于运输和储存葡萄酒的陶罐。此外，葡萄酒也是一种常见的陪葬品。用葡萄酒陪葬可能是为了显示逝者的财力，但也可能是为了让重要人物在来世仍有好酒喝。

以物换物的交易方式一直存在，但以金属货币作为媒介进行交易的方式更加便捷。公元前 600 年左右，金属货币的概念可能由希腊传入欧洲并迅速被大部分地区采用。许多凯尔特部落以金银为原料，根据当地人的喜好铸造了自己的硬币。最初，金属货币并不是一种具有代表性的货币。一枚硬币的价值取决于其中黄金或白银的含量，而铸造钱币的目的也仅仅是方便描述贵金属的价值。凯尔特人早期的钱币设计深受希腊影响，普遍刻有希腊文字。但随着时间的推移，他们的设计也变得更加抽象，更符合凯尔特人的特质。

性别分工、性行为和社会仪式

在凯尔特社会中，男人们常常因为各种小事而争吵、打斗，这并不是什么新鲜事。然而，如果他们的妻子参与进来，那么这就说明事态已经变得非常严重了。这种情况在古代社会并不少见，因为那时候的生活就是这样的。

对凯尔特部落来说，部分成员因无意义的争斗和大男子主义引发的灾祸丧生是可以接受的。事实上，淘汰部落中无能的、笨拙的或过分好斗的成员甚至还是有益于部落发展的。然而，如果情况严重到对整个社会的福祉产生了威胁，就会引起部落中女性的关注。

妻子和母亲可以迅速叫停部落中男性成员的各种愚蠢行为。即便是骄傲的凯尔特男人，在女人们尖锐的申斥之下，也只好放弃他们显而易见的意图，“光荣地退出”争斗。相反，如果一场冲突达到部落妇女参与的程度，那问题就已经极其严重了，而参与争斗的人将被寄予厚望，尽全力去争取胜利。

有时，女性会被选为凯尔特部落的首领，但她们参与战斗的情况依然很少。尽管考古学家发现了埋有武器的女性墓葬，但这仍然不能证明女战士的存在。相对合理的说法是，在这些墓葬中发现的武器和装备仅仅用来显示墓葬主人的社会地位。因此，这名女性更可能是一位酋长或首领，而不是一名战士。

然而，尽管没多少证据可以证明以上任何一种说法，但不难看出，性别分工的界限在凯尔特社会的确比在同一时代的许多其他文化中要模糊。妇女可以拥有自己的财产，凭本事在社会上占有一席之地。无论是经商还是从政，都是她们自己的选择。此外，她们还可以成为德鲁伊，行使神权，与男性德鲁伊一样治病救人或为人辩护。

凯尔特社会的性别平等令许多罗马作家感到震惊，因为他们来自一个极度限制妇女个人自由与权力的社会。罗马人从不认为女人可以领导一个部落，并对男人听从女人指挥的做法表示唾弃。因此，罗马人也常以此来证明凯尔特人的蒙昧和怪异。

与罗马相比，凯尔特社会的女性享有更高程度的性自由。一个女人可以光明正大地与她选择的任何男人发生关系，并与男人一样不受社会眼光的影响。凯尔特社会的男女性关系与其他社会相比，并没有数量上的差异，但凯尔特人并不对此感到羞愧，也无意遮掩。这便让一众罗马作家更加困惑了。

下图 尽管这枚拉腾时代（约公元前450年）的硬币造型十分独特，但它上面刻画的图案不难分辨。由于希腊对凯尔特的影响逐渐淡化，后来凯尔特钱币上的印花对相同主题的刻画变得越来越抽象，也更具有“凯尔特”韵味。

此外，罗马人对凯尔特男性之间的关系也充满了疑惑。一些作家记录说，虽然凯尔特女人很美，但部落里的男人更喜欢同性。事实可能是这样，也可能不是这样。或许，罗马人的确误解了凯尔特男人之间的关系，想当然地认为他们是彼此的情人。然而，确实也有不少的记载表明，凯尔特人普遍对性关系抱有相当开放的态度，同性之间的恋情在凯尔特社会也是可以公开的。

在一个对性关系持宽松态度的社会中，人们对婚外私生子的接纳也就不足为奇了。如果两人有了后代，那么抚养孩子长大便是父母及其双方家庭的共同责任。无论情况如何，部落成员所生的孩子都会被部落接纳。

然而，有的家庭是不完整的。如果孩子的父亲来自外族、家境过于贫穷或与孩子母亲不般配，孩子往往由母亲单独抚养。同样，如果母亲无法顾及，孩子则由父亲抚养。孩子被寄养在亲戚家或近邻家中在凯尔特社会并不少见。他们一般在十几岁时才会离开寄养家庭，且男孩一般比女孩更晚。因此，尽管凯尔特部落中有许多单亲家庭，但部落成员也可以以这种方式给单亲家庭的孩子找一个合适的新家。

虽然婚姻与亲族关系对于凯尔特社会而言极为重要，但除了神圣的誓言所承载的精神指引以外，没有实际的宗教内涵。婚姻更像是两人之间的契约，划定了财产所有权及子女抚养权。虽然凯尔特人认为婚姻在很大程度上是人与人之间的协议，而不是神的恩赐，但这也并不影响婚礼的浪漫，也不意味着婚姻只是唯利是图的合作伙伴关系。

婚姻纽带

古代凯尔特人生活在一个艰辛的时代。因此，纯粹因为爱情而缔结的婚姻可能对所

对页图 这幅画像包含了所有常与德鲁伊联系在一起的元素：白袍、金镰刀、槲寄生，甚至背景中的巨石群。但真实的德鲁伊可能与此完全不同。

下图 虽然是由德鲁伊主持婚礼仪式，并引导新人宣誓，但对凯尔特人来说，婚姻在很大程度上是一件世俗之事。许多情侣都会经历一个试婚期，并称其为“牵手礼（Handfasting）。试婚之后，他们可以自由选择分开或正式成婚。

有相关者来说都是一场灾难。一段好的婚姻能创造一种更强大、更有韧性的伴侣关系，这种关系既能支撑家庭度过艰难的时期，也能在顺境中使家族繁荣发展。在凯尔特社会中，许多婚姻都是由家族包办的。一家人在为适婚者选择伴侣时，除了外表的吸引力与个性的契合程度以外，还有很多因素需要考虑。婚姻涉及财产、地位和亲族关系，因此，男女双方的亲属都会格外关注。尽管只是两人的姻缘，但这种关系会将家庭与家庭联系起来。这可能是有益的，也可能是无益的。在凯尔特社会中，地位是非常重要的。因此，亲戚们可能会试图阻止家里的女人嫁给一个地位低下的人。当然，凯尔特人也有其他手段来防止这种情况的发生。比如，要求准新郎向新娘的家庭献上聘礼。如果新娘来自一个富裕的家庭，那对于聘礼的要求则极有可能超过准新郎的承受能力。

我们不知道欧洲大陆的凯尔特人是怎样缔结婚姻的。我们如今知道的大部分凯尔特法律来自爱尔兰和威尔士。早期的凯尔特法律幸存于两地并纳入了后来的法律体系。由于文化上的相似性，爱尔兰和威尔士的一些做法可能在欧洲大陆也得到了应用。

凯尔特法律承认几种不同意义上的“婚姻”。在这里，“婚姻”是一个相当宽泛的概念，只是与性关系挂钩。最受尊重、最理想的结合是财势相当的人之间的结合。如果有一方更加富有，那么最好是男方。与没有财产的人结婚，婚姻完全由相对富有的伴侣供养，这样的婚姻与独立生活，与在双方都合适的情况下发生性关系的协

对页图 重建凯尔特人的房屋不仅能让人了解他们的生活方式，还能再现他们的建筑工艺。这个村庄里的每座房子都是根据考古学家对凯尔特式建筑的观察与研究重建的。

左图 凯尔特人的婚姻法大部分是关于保护和抚养孩子的。如果夫妻分居或其中一人在战争中丧生，部落便需要肩负起照料其后代的责任。

议相比，甚至与本质上是露水情缘的“士兵婚姻”（Soldier's Marriage）相比，只稍微高一点点。诱奸、强奸以及与精神错乱之人的结合是不太理想的性关系。但对现代读者来说，奇怪的是，这些都在被认可的“婚姻”清单上。因为，在凯尔特社会中，婚姻最主要的功能是维护后代的权利，任何可能促进生育的方式都会得到支持。凯尔特人没有私生子的概念，孩子是属于部落的，和其他人一样都是部落的一员。

凯尔特人的社会制度允许人们有一个以上的婚姻伴侣，通常是一个男人有两个或更多的妻子。如果女人愿意，她们也可以有一个以上的丈夫。婚姻中一般第一个伴侣的地位较高，对丈夫（或者少数情况下是妻子）期望达成的任何协议都有充分的权利发表意见。而其他的伴侣在家庭事务中的发言权则要小得多。事实上，第一个伴侣基本上是家庭所有财产的共同所有者，其他的伴侣要获得财产权只能仰赖丈夫的坚定支持。第一个伴侣没有义务供养她们。

在正式结婚之前，情侣可以通过牵手礼试验婚姻关系。这种试婚介于现代的订婚和结婚之间，持续时间为一年零一天。试婚结束之后，这对情侣可以干脆利落地

分道扬镳，不需要担心财产方面的问题。当然，他们也可以选择正式结婚。牵手仪式通常在宗教节日或部落集会上举行（往往是同一天），因此试婚也与一年中重要的宗教或社会节日有关。

如果牵手礼没有以正式的婚姻告终，那分开的两人便不算是结过婚。他们可以在未来同新的伴侣再次试婚，并与之结成真正的夫妻。然而，如果两人在牵手礼后步入了婚姻的殿堂，情况会更复杂，因为婚姻关系不同于试婚或婚外情，它会影响财产分配。

离婚并不会影响任何人的社会名誉，它只是让曾经存在的一纸契约烟消云散。但是，婚姻必须以合法且公平的方式结束。因此，虽然离婚不过是因为一方或双方对这段婚姻再无留恋，但追究具体原因仍然极为重要。如果只是想要结束这段关系，

跨页图 家庭对凯尔特社会至关重要。一对已婚夫妇对部落来说往往比两个单身的人更有价值。只要他们组成一个家庭，便可以在技能和力量上取长补短。

右上图 共享歌曲和故事是凯尔特社会的一个重要习俗。职业吟游诗人无论走到哪里都会受到欢迎。作为回报，他们会在主人的客厅里以及旅行所至之处唱出对主人的赞美。

那么双方会尽可能公平地分配财产。每个人都可以拿回婚前个人财产，并分得一份婚后财产。

然而，如果一个男人或女人对他们的伴侣提出了离婚的理由，那么受到伤害的一方得到的会更多。在许多情况下，受委屈的一方有权获得整个家庭的财产，而有过失的一方则只能服从安排。离婚理由往往因地而异，但可能包括把一个男人出卖给他的敌人、殴打妻子并留下了印记、言行羞辱甚至口臭。

如果丈夫没有尽到养家糊口的责任，或因同性恋、阳痿、偏爱其他女性等原因没有履行对妻子的性义务，妇女也可以

下图 这是由凯尔特工匠打造的精美铜镜。在一个非常重视外表的社会中，铜镜本身及其制作工艺都受到高度重视。

选择与丈夫离婚。伴侣通奸和各种形式的虐待同样可以构成离婚的理由。

凯尔特人有一些既定的社会习俗。最值得一提的便是接待之礼。总的来说，凯尔特民族是一个好客的民族，认为客人理应受到欢迎和照顾。但是，主人并不是一无所求的。凯尔特部落的客人可以从主人那里获得食物、饮料和睡觉的地方，但作为回报，客人也应尊重主人及其家人，尤其不要闹得主人家宅不宁、鸡飞狗跳。

吟唱歌曲、诗歌或讲述故事既是招待客人的重要方式，也是凯尔特社会生活的一个重要组成部分。在主人的宴会或其他聚会上，客人需要以唱歌或讲故事的形式来回报主人的热情款待。吟游诗人无疑是这方面的专家，但其他人也需要具备吟唱与讲述的能力，并通过自己的努力赢得赞誉。

个人形象对凯尔特人来说也是非常重要的。他们时常盥洗沐浴，甚至有人说是他们发明了肥皂。除了留着令人印象深刻的长髭以外，男人一般都将其他胡须刮得干干净净。同时，他们还用石灰水洗头以固定发型。男女都无法接受自己衣衫褴褛或不修边幅地出现在公共场合，因此会使用铜制的镜子时刻检查个人形象。

凯尔特法律

我们对凯尔特法律的了解大多来自爱尔兰。在基督教出现之前，爱尔兰岛上的凯尔特人遵习惯法（Brehon Law）。经过重新编纂，凯尔特习惯法成为基督教时期普通法的基石。整个法律体系涵盖了诸如社会礼仪、对部落与他人的义务、招待的要求等社会生活的方方面面。

凯尔特法律的一个重要部分是对个人等级或价值的划分。一个人的价值往往由他的社会地位和他拥有的财产数量决定，这便是名誉价值（Honour-price）。某一部落成员的名誉价值

对页图 我们对凯尔特法律的了解大多来自爱尔兰习惯法。在爱尔兰，法律通常是由“法官”掌管。但这些“法官”实际上更像是“法律学者”。

也可以用于评估其近亲的名誉价值。因此，即便一个富人的儿子还没有得到他父亲的财产，他的名誉价值也是根据他父亲的财产数额来评估的。

身份尊贵的部落成员往往比普通人拥有更多的发言权。然而，他们一旦犯错，部落予以的惩罚也会更重。这在今天看来是不公平的，但在一个等级阶层频繁变化的社会里，这似乎又不难理解，因为任何人都可以立志成为位高权重的人物。这种概念对部落的价值来说也是有意义的。一个德鲁伊或官员对其部落来说比一个农场工人更有价值，而惩罚一个高级官员对部落的伤害也会更大。

杀人或伤人都会受到惩罚，一般是根据部落对所有自由成员的统一标准或受害者的名誉价值进行罚款。许多针对性骚扰和强奸的法律同样要求加害者支付罚款以补偿受害者。有意思的是，人们认为杀人并试图掩盖这一行为比公开杀人更应受到谴责，而且应当付出更大的代价。同样，如果受害者能活下来，但不能完全康复，凶手便需要向受害者支付更高的赔偿金，其数额远高于单纯因谋杀而判处的罚款。

在杀人未遂的情况下，受害者应于事件发生九天内获取专业医疗诊断。如果医生认为病人无法完全康复，加害者则应支付罚款。如果受害者有可能康复，或至少

右图 这一爱尔兰石刻上刻画的是两个酋长达成协议时的情景。签订合同或协议是一件重要的事情。在凯尔特社会，人们不能签订交易价值超过双方自身名誉价值的协定。

可以存活，那么加害者就要承担起病人疗养期间的医护费用。

事件通常以赔偿结束。但如果肇事者拒绝缴纳罚款，那么受害者的家人可以自由地向他进行报复，甚至可能会在揪出罪犯之后杀死他出气。如果凶手逃跑了，他的家人便要负担起对他的判罚。他们要么选择支付罚款要么代表受害者追捕凶手。

如果一个人杀害的是自己的家庭成员，罚款便不适用了，凯尔特社会对这种人最常见的处罚是剥夺名誉，令其失去所有法律地位、财产和权利。这样的处罚相当于死刑。部落成员不得向弑亲者提供食物、住所或任何形式的援助。由于没有合法权利，弑亲者不得不承受任何人想对他做的任何事情，且无论人们对他做什么，都不会受到惩罚。

有些对他人造成伤害的行为是不受这一法律体系约束的。在战斗或决斗中造成伤亡，或在试图阻止他人犯罪时伤人，均不会受到惩罚。同样，人在公平的竞赛或运动中对他人造成伤害，或医生在治疗过程中发生事故，也都不会受到惩罚。通常情况下，对个人的罚款在其死亡后便失效了。但如果他在犯罪时死亡，其家人将对与该罪行有关的罚款负责。

凯尔特法律规定了谁可以签订协议或合同，也限定了相应合同的合理价值范围。虽然不同地区的具体要求各不相同，但在爱尔兰体系中，签订超过个人名誉价值的合同是不合法的。一份合同可以由利益受损的一方终止。例如，如果一个父亲即将做一笔损害儿子继承权益的不当交易，尽管儿子不能出售或交易他还没有继承的财产，但他仍然可以阻止协议的签订或执行。

在他人的胁迫之下签订的合同不具有约束力，醉酒后签订的协议也是如此。但是有关耕田的合作则另当别论，无论农户在签订合作协议时有多不清醒，交易就是交易。

凯尔特法律还要求每个有一定积蓄的人对需要帮助的人伸出援手。同样，接受恩惠的人也必须遵守不给施恩者添麻烦的要求，践踏他人的好意是绝不可取的，侮辱或讽刺他人也是如此。讽刺的形式多种多样，从充满恶意的流言蜚语到公开却不切实际的批评，甚至一些损伤他人声誉的绰号或手势都可以构成讽刺，且可能被处以罚款。说死者的坏话也是不可取的，话一旦出口并为人知晓，说话人便需要向死者的

下图 吟游诗人可以用他们的故事和歌曲改善或损毁某人的声誉。但他们在讽刺一个位高权重的酋长时必须小心谨慎。他们的吟唱可以令酋长改变一个不被群众接受的决定，却也可以直接让自己陷入困境。

对页图 凯尔特人的服饰制作精良，且常常带有各类装饰。即使是相对贫穷的人，也穿着色彩鲜艳、精心设计的服装。一些有钱人还用珠宝和饰品装点服装。

亲属做出赔偿。

讽刺可以用一首赞美诗抵消。吟游诗人可以用讽刺的方式指责一个身居高位的人，督促他履行自己的职责，而不受法律惩罚。因此，其合法性是一个复杂的问题，但是讽刺一个强大的、坏脾气的酋长无疑是勇敢之举。

罪与罚

对于那些并非从事耕田一类脏污的工作的人来说，脏是绝对不能接受的。

其他的犯罪行为，如盗窃和损坏他人财产，也会被处以罚款。罚款数额根据被盗物品的价值而区别，大多数是被盗物品价值的两倍，有时也会根据物品被带离主人家多远以及是否使用了暴力或诡计判定具体数额。盗窃牲畜的罚款则更高。如果牲口是在第三方的土地上被盗，第三方也应得到赔偿，因为在凯尔特人看来，这对他的名誉造成了损害。

人或牲畜非法入侵他人领地通常也会被处以罚款。但如果土地所有者没有安置严丝合缝的围栏，而邻居的牛误入了他的土地，他便无法得到赔偿。如果牲畜吃掉了别人家的草料或其他饲料，抑或是践踏了别家的土地，耽误了耕种，那么动物入侵将被认定为更严重的罪行。

然而，为了帮助他人而擅自闯入私人领域是可以为社会及法律接受的。将可能在火灾中被毁坏的物品盗出也是一种义举。掠夺战场上死者的遗物是合法的，铁匠铺或磨坊里的废料是可以随意取走的，针对因无知或疏忽而犯下的罪行也可以从轻处置。此外，如果犯罪者是在困境中或在巨大的压力下铤而走险，他也有机会免受惩处。

如果有人目睹犯罪过程而不加以阻止，那么他可能会被认定为从犯。任何保护或接待罪犯的人也将承担连带的法律责任。然而，那些无力阻止或干预犯罪的人，如儿童或弱者，无须见义勇为，也不会受到惩处。向相关部门揭露他人的犯罪行为不会受到任何处罚，除非举报人就是犯罪者。

法律因地而异，因时而异。我们很难说某一规定在任何地方、任何时间都适用。以上论述均是基于我们所了解的爱尔兰法律。毕竟，爱尔兰法律的基础便是传统的凯尔特法律。在其他地区，法律体系如同社会其他方面一样，深受不同文化及制度的影响。在罗马或其他外族势力入侵凯尔特领地时，当地的法律肯定也会发生变化。

凯尔特服饰

据许多资料记载，凯尔特人非常注重外表，且不仅是容貌体型，还有穿着打扮。凯尔特战士是不能超重的，而对于那些并非从事耕田一类脏污的工作的人来说，脏是绝对不能接受的。凯尔特人认为衣服应妥善保存并定期清洗。毫无疑问，修补是必要的。但考虑到外表美观的重要性，频繁修补也不是长久之计。

凯尔特人的工作服必须是耐穿的，因为没有人能够负担得起常用服装的频繁更替。所以，他们的日常穿着一般是做工粗糙的针织衫。然而，凯尔特人并不是不能制作高质量的服饰，他们用于贸易出口的服饰就很受欢迎。我们对凯尔特服饰的了解大多来自外人的描述。这些人可能在贸易中获得过或至少经手过这些衣物。虽然有一些衣服残片留存至今，但织物大都是易损的，因此关于凯尔特人的服饰特征，我们在许多情况下也只能猜测一二。

一些凯尔特服饰的图样如今仍然存在，主要见于物体上的装饰。这些图样可能比希腊人和罗马人打造的雕像更能反映凯尔特人的穿着打扮。比如，凯尔特人有袖长各异的外衣，而许多雕像却把他们刻画成赤身裸体、只披一件斗篷的人。这或许是受到希腊雕塑风格影响的结果，而不是史实。

右图　凯尔特人头盔的设计旨在利用翅膀或其他配件使佩戴者看起来更魁梧、更威猛。普通的战士佩戴的可能没有那么花哨，而更实用。

左图 这是凯尔特织布机的复原模型，凯尔特人的衣物就是用像这样的机器织造的。他们有各种面料的衣服，但工作服可能比在社交场合穿着的服装更简单、更耐用。

但关于凯尔特人赤身裸体上战场的描述可能是真实的，也可能只是一种比喻。或许，这些描述者的本意只是“没有盔甲的保护”，且赤膊上阵的人也有可能被敌人误认为是全裸的。关于凯尔特人赤身裸体上战场的记载非常普遍，但这些都是外人的看法，充其量只是二手资料。或许凯尔特战士愿意不着一物在战场上冲锋陷阵，但他们在其他时间总归是要穿衣服的。

凯尔特人喜欢颜色鲜艳的衣服，并常常用格子和其他图案的设计加以装饰，类似于苏格兰服饰。他们偏爱蓝色、红色和黄色，还有深浅不一的灰色。不同的灰色可能就是一种设计，但也可能是低饱和度的亮色与灰色混在了一起，让人难以分辨。据一些资料记载，凯尔特人也会穿黑色的衣服。但在古代，黑色染料不容易获得，将布料染黑的成本也极其高昂。因此，凯尔特人许多衣服上染出来的黑色实际上可能是非常深的蓝色或灰色。

我们知道，凯尔特人制衣的原料往往因地而异。也就是说，他们使用的大都是当地自产或通过贸易容易获得的东西。曾经为凯尔特人所使用的皮革、绒毛、亚麻以及动物纤维（如山羊与獾的毛发）如今仍是重要的制衣原料。此外，有证据表明，并非只有腰缠万贯的凯尔特人才喜欢精美的服饰。从哈尔施塔特地区的矿井中找到的衣物纤维表明，盐矿里的矿工也穿着色彩鲜艳的衣服，而挖矿一般不会是富人从事的工作。

凯尔特人制作的鞋子品质优良，通常是皮拖鞋，用一整张动物皮做成，呈包裹脚的形状。有证据显示，木底鞋和鞋底有鞋钉的鞋更经久耐用，并且能提高鞋子在泥泞地面的抓力。这可能是北方潮湿气候条件下的必要选择。

罗马人注意到，凯尔特部落的男子通常穿着长裤或颇具民族特色的马裤。这些

裤子颜色鲜艳，偶尔搭配斗篷穿着。在工作中，斗篷可能会碍事或生热。这时，男人们可以将其脱掉。为了防止裤子被勾住或逐渐磨损，他们有时也会在裤子从膝盖到脚踝之间的位置加上绑带。

凯尔特女性通常穿着一种被称为“沼泽裙”的长裙。这种裙子十分实用，在所有的场合都能穿，包括到附近的沼泽地去挖生火用的泥炭。“沼泽裙”这个不太好听的称呼也是来源于此。凯尔特人可能对他们的服饰有多种称呼，但具体都有哪些我们不得而知。

可能一些妇女也会像男人一样穿着长裤，特别是在骑马或打仗的时候。尽管有极少的证据可以佐证这种说法，但还无法下定论。目前发掘的服饰少得可怜且通常都来自墓葬，损毁严重。凯尔特妇女生前可能偶尔会穿裤子，但在下葬时，肯定会穿上最好的服饰，而这往往是一条长裙。有时，女人们会穿短裙，配以衬衫或短袍；有时，她们也会将外衣穿在长裙里面。

不同凯尔特人所穿的外衣在长度和设计上会有一定的差异，这或多或少显示了穿衣者的身份。为了工作方便，一些人会穿相对较短的袍子或衬衫；而那些有能力站在一旁看别人工作的重要人物则可以穿较长的外衣，有的甚至长过膝盖。衣袖往往长短不一，袖子的设计根据使用者的职业也有所不同。此外，由于如今找到的凯尔特男装比女装还要少，要进一步探究凯尔特服饰的职业差异便难上加难。

上图　这条工艺精细的青铜带是在公元前 800 年左右铁器时代开始时生产的。虽然铁取代了青铜用于工具和武器的制造，但由于青铜还是比黄金更便宜、更坚固，所以青铜仍被用于一些装饰品的制造。

凯尔特人无论男女都穿戴斗篷。这些斗篷设计各异，有的是由羊毛或其他纤维编织成的，有的也可能是由皮革制成的。有证据表明，凯尔特人有时会穿戴多件斗篷。必要的时候，他们会在一件用于保暖的斗篷之外披上另一件用于防水。斗篷通常用胸针固定，这也是凯尔特配饰的一部分。

珠宝配饰与地位象征

凯尔特人关心自己的社会地位，希望得到同部落成员的尊重。

凯尔特人喜欢使用黄金和青铜制成的饰品。一些珠宝也有一定的功能，如胸花或胸针可用于固定衣服。项圈既是身份的象征，也可以在战斗中保护佩戴者的脖子。臂环则是纯粹的装饰品，一般不用于防身。

“托克”（Torc）一词一般用于指项圈，但也可以指戴于头部、手臂、脖子或腰部的任何金属环状物。这种环状物的制造可以追溯到公元前1200年，甚至更早。在制作这种独具凯尔特风格的饰物时，人们会先将黄金敲打成条状，然后再扭成环状。后来，凯尔特社会也出现了更加复杂的饰品加工工艺，打造出了扭曲度更高的项圈。

在不同的地域与不同的时期，制作项圈的方法各不相同，用意也独具特色。一些人认为，项圈不仅是战士身份和权力的象征，而且还被赋予了神秘的力量。但其他人更愿意相信，单凭能够买得起一大块精加工的贵金属，便足以说明佩戴者的地位。

佩戴项圈和其他饰物充分说明了凯尔特人喜欢炫耀且爱美。精雕细琢的黄金饰物不仅能给凯尔特人带来美的享受，还能满足他们炫耀身家的虚荣心。因此，凯尔特人总会为这样的装饰物所打动。同样，穿着鲜艳的服装既是为了展示富贵身家，也是为了出现在公众场合时的体面。

无论用意如何，从这些装饰品我们不难看出凯尔特人十分在意他人对自己的看法。佩戴黄金制成的饰物、穿着鲜艳的衣服、满嘴的吹嘘与浮夸的待客之道都是为了显示他们的社会地位，赢得同部落成员的尊重。这对于凯尔特社会的发展而言是一股巨大的推动力，带来了冲突与合作，也有助于界定凯尔特人的身份。

下图　类似设计的项圈、臂环和手镯在凯尔特社会很常见。佩戴饰品可能是为了显示财富和地位，也可能仅仅是因为饰品赏心悦目。

CELTIC ART A

ND RELIGION

艺术与宗教

如今，许多人对凯尔特艺术的印象都是岩石或饰物上复杂的旋涡图案，但很少有人知道这些图案的真正含义。

对页图 许多凯尔特艺术元素为早期基督教所吸收。例如，从苏格兰艾莱岛（Islay）上的基尔纳夫小教堂（the chapel of Kilnave）就能看出基督教中的艺术形象对凯尔特文化的继承，且在爱尔兰和苏格兰的许多地方都有这样的十字架。

凯尔特人的设计总是赏心悦目的，因而各式凯尔特风格的金银珠宝也拥有广泛的市场。尽管古代凯尔特人藏在图样中的深意可能已经被人遗忘，但至少，他们的设计本身留存了下来。

同样，凯尔特人的宗教信仰和精神信念以多种形式延续到了现代。据说，18 世纪德鲁伊教的“复兴”（如果可以说是复兴的话）是对凯尔特德鲁伊教的继承与发展。但实际上新一代德鲁伊与前人除了名字相同外，几乎再没有共同之处。与其说是“复兴”，不如说是基于错误理解的创造。

但威卡教（Wicca）的复兴使凯尔特文化中的一些元素重新引起了人们的注意。凯尔特节日常常被视作威卡教中一些节日的起源，尽管在每年相同的时间，许多民族都会举行类似的庆祝活动，节日名称有时也并不是由凯尔特文化而来。威卡教教徒的婚礼常常举行牵手礼，一些团体在传统的试婚或订婚仪式上也使用牵手礼。

凯尔特人的神话与艺术也影响了后来不同文化中的民间传说及传统习俗。19 世纪后半叶，凯尔特文化复兴。那时候出现的大部分艺术作品实际上与中世纪的艺术风格一脉相承，而不是凯尔特文化的代表。但不难看出，凯尔特传统也对中世纪的艺术风格产生了很大影响。尽管随着时间的流逝，凯尔特文化也被人重新解读，悄无声息地发生着改变，但标志性的“凯尔特”符号依然存在。或许，即便是公元前 200 年的人也可以辨认出现代设计中的一些凯尔特元素。

诗歌和音乐

诗歌是凯尔特文化中一种重要的艺术形式，有许多用途。它能令人感到愉悦，也是一种记录过去和评论当下的手段。像其他一些民族一样，凯尔特人更愿意把他们的知识和记忆储存在专业人士口口相传的诗歌和歌曲中，而不是将所知所感写进文字里。

对凯尔特人而言，将事件的来龙去脉演绎成诗往往比简

右图 位于爱尔兰戈尔韦（Galway）的图罗石（Turoe Stone）是拉腾时代凯尔特抽象艺术风格的代表。这种图样起源于公元前500年左右，在大部分凯尔特地区均有流传。

单陈述故事更胜一筹。他们的理由是多种多样的。一方面，格律有助于记忆；另一方面，诗歌的形式也更有利于人们发现错误或变化。诗歌是吟游诗人的专业领域，他们接受过严格的训练，知道如何创作与运用诗句。这种能力使吟游诗人有别于普通部落成员，并在某种意义上保住了他们的饭碗，一些模仿者的存在更是进一步证明了真正的吟游诗人是多么重要。

除了直抒胸臆的诗句外，吟游诗人还通过其他方式表达情感。讽刺是一种用来激发他人羞愧之感的诗歌风格。在某些地区，人们认为讽刺诗具有超自然的能力。据历史记载，专业的讽刺诗人可以通过一首精心创作的诗对人下咒。而在另一些地区，讽刺他人是一种严重的罪行。这里的“讽刺”既有可能特指吟游诗人通过诗歌嘲弄他人的行为，也可能具有更宽泛的含义。根据具体情况，从指名道姓地咒骂，到冒犯他人的手势，再到一首完整的羞辱诗，都能算作“讽刺”的一种形式。

吟游诗人的讽刺诗甚至可以用来羞辱高高在上的酋长或国王，令他们感到难堪。显然，这种力量远远超过耕作者的蛮力。至于吟游诗人是如何避免讽刺带来的不愉快的，我们并不清楚。或许，讽刺诗是对公众舆论的一种试探。如果部落成员赞同诗的观点，那么这可能是他们对部落首领失去信心的一个迹象。在这种情况下，受到嘲讽的人便不得不及时调整政策或改变态度。而如果诗歌不受部落欢迎，这便

下图　在爱尔兰，吟游诗人常常作为重要参与者出现在凯尔特人的节庆活动中，用他们的故事或歌曲娱乐大众，警醒世人。一些吟游诗人是居无定所的，而另一些则是某个首领或国王的家庭成员。

说明它并非客观的评价，而受辱的酋长可以对此做出任何形式的回应。

赞美诗可以消解讽刺诗带来的影响，也可以用来平息争端、改善与另一部落或家族的关系。一位优秀的吟游诗人可以在适当的时候点醒世人，让他们从不明智的行动或正在酝酿的争斗中抽身。同样，他也可以用他的诗歌改变聚会的气氛。更重要的是，那些精心挑选过的，有关复仇、失败或友谊的故事常常影响着部落的决策，使听者能够朝正确的方向前行。

依靠不同的韵律与节拍，配以合适的乐曲，吟游诗人便能使诗歌成为他的武器，达到理想的效果。竖琴是爱尔兰吟游诗人的象征，主要有三种演奏方式，以“三大和弦”（Three Noble Strains）之名著称。若演奏无误，这些曲调会诱发或悲伤或快乐的情绪，甚至催人入睡。

欧洲大陆的传统音乐可能与不列颠群岛的传统音乐截然不同。大陆凯尔特人深受罗马及其他文化的影响，其音乐也沾染了其他民族的颜色。而在不列颠群岛，凯尔特人的音乐尽管在历史长河中经历了反复的淘洗，顺应时代改变、进化，却仍然在爱尔兰、威尔士、苏格兰和英格兰的部分地区以其传统音乐的形式留存了下来。

虽然人们很容易将凯尔特人视作一切管乐器的创造者，比如最有名的高地风笛（Highland bagpipes）和北欧诺森伯兰管（Northumbrian pipes），但事实可能并非如此。

有证据表明，类似风笛的乐器早就出现了，然而，不列颠群岛的凯尔特人是否演奏过这些乐器已无从考证。因此，今天所制作的传统管乐被称为凯尔特音乐的说法是不准确的。

每当管乐器被新的群体习得，它们都会被用来演奏这些民族的传统音乐。自然，过往的各种乐器都适用于他们的传统音乐。因此，人们不会创造一种全新的音乐风格来配合管乐器的演奏。虽然不同地区、不同时代的人会调整或更改曲调和旋律，但如今旅游商店里售卖的凯尔特音乐唱片中，无论是管乐还是鼓乐，都仍然留有传统凯尔特音乐的元素。

凯尔特视觉艺术

与其他民族的艺术一样，凯尔特艺术也不是突然出现的，它也经历了漫长的发

展，并受到外来文化的影响。凯尔特艺术既不是艺术家的专利，也不只是应用于宗教装饰。艺术是人们日常生活的一部分。即使是非常平凡且廉价的物品，也会被装饰。

古代凯尔特人的艺术风格常常受到来往对象的影响，特别是希腊和罗马。但外来文化传入后，凯尔特人并不是照单全收，他们会对其做出调整，以适应自己的审美偏好。例如，早期凯尔特钱币上的图案是形象生动的马匹、战车或其他物象，而后来的钱币上印制的虽然是相同的物象，却更抽象。有时，人们需要细致观察才能在硬币上混乱的点线中辨认出一匹强壮的、奔驰的马的形象。

凯尔特艺术大多是抽象的。虽然他们描绘世间万物，但在基督教问世之前，凯尔特艺术作品中鲜有完整的人类形象。这种缺失是否与文化或宗教有关，我们不得而知。但不难看出，凯尔特人的艺术作品往往是超现实的，展现了人世与神明、英雄和怪物所在的神界之间的密切关系。

因此，凯尔特人的艺术既是世俗的艺术，又是宗教文化的一部分。世俗与宗教并不是对立的。像古代许多民族一样，凯尔特人亲近自然与神灵。对他们而言，农场的杂活、家庭的琐事与只有德鲁伊能够窥探的异世界秘密之间只有一条若

跨页图 当然，吟游诗人并不是爱尔兰地区独有的。日耳曼民族也有自己的吟游诗人，斯堪的纳维亚半岛(Scandinavia) 上的诗人也需要肩负起类似的职责。

右图 这枚硬币是公元前100年左右由法国西北部海岸阿莫利卡城（Armorica）的克里奥索利特人（Coriosolites）铸造的。他们是尤利乌斯·恺撒（Julius Caesar）笔下的“海上”凯尔特民族之一，可能经营着规模宏大的跨海峡贸易。

下图 像这样刻有怪异符号的石头在凯尔特地区十分常见。虽然多数符号的含义尚未明了，但凭其被刻于坚硬的花岗岩上的事实，我们不难看出其重要性。

隐若现的分界线。

大多数凯尔特艺术作品是金属制品，常用原料有青铜、白银和黄金。这些金属制品一般是日常物件上的装饰或者专为取悦他人而制作的礼物。后者也可以用于贸易。当凯尔特人发现别人会用物品或金钱来交换这些赏心悦目的艺术品时，他们便有了足够的动力扩大加工与出口规模。但凯尔特人本身也喜欢美好的事物，因此，部落中有钱有势的成员也常常佩戴精美的珠宝饰品，或用艺术品装点自己的家。

凯尔特工匠也制作铜镜。这些铜镜背面的雕刻十分精巧，倒置时，抽象的图案整合在一起就好似一张脸。脸和头是凯尔特人常用的艺术形象，他们相信取下敌人的首级便可以获得敌人的力量。因此，铜镜上的这些印花可能彰显了凯尔特人对力量的追求。石雕也是凯尔特艺术的一个重要组成部分。有人认为，与金属制品相比，石雕与宗教的联系更加紧密。此外，木头也可能作为某些凯尔特艺术品的原材料，但这些作品几乎没有留存至今的。

直线确实常见于早期的凯尔特艺术之中。这种习惯起始于哈尔施塔特时期，但随着时间的推移，艺术家们对直线的热情也淡化了。直到拉腾时代（公元前 500 年以后），我们今天所了解的凯尔特艺术风格才正式确立。总体来说，凯尔特风格的艺术作品一般使用复杂的曲线组合与螺旋形图案来呈现艺术形象，而不是简单的对称。这些图案往往具有非凡的象征意义，但大多数现代复制品仅仅复刻出其图样，而对其所要描绘的具体事物一无所知，最终使作品丧失了内涵。

然而，也有许多物品的装饰与设计确实以直接表现人物和事件为特征，比如锅、头盔和镜子。这些物品上的装饰往往暗藏

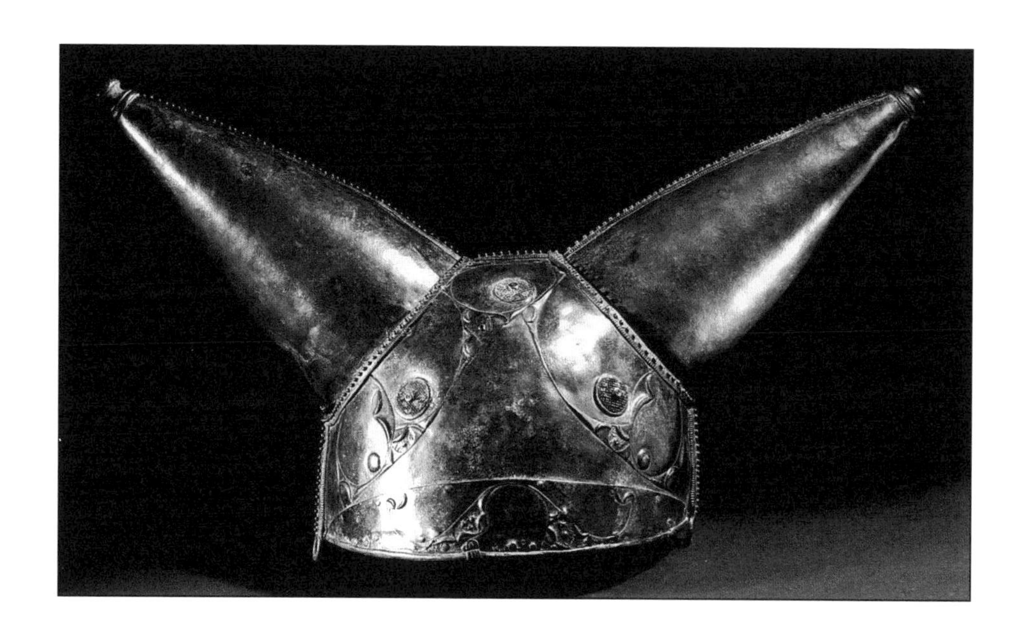

上图　这个在泰晤士河发现的头盔可能是公元前 100 年左右制成的，其设计极具拉腾文化的特征。或许，这种头盔原本是人们在某种仪式上佩戴，而不是在战场上防身的。

着作者的理解与习惯。有时，艺术形象是显而易见的，比如一群手持盾牌的战士。但有时，艺术形象也会是神秘或抽象的，令人很难分辨作者描绘的究竟是一个半人半兽的神，还是一个戴着特殊头饰的人。在许多情况下，这些承载了人物与事件的作品比用于装饰的抽象图案更引人入胜。它们再现了历史，却没有点破我们看到的究竟是什么。

凯尔特神话与宗教

像古代许多民族一样，凯尔特人亲近自然与神灵。

凯尔特人分布广泛。因此，不同地方的人往往有不同的宗教活动和宗教信仰。我们对凯尔特神灵的了解大多来源于爱尔兰和威尔士的传统神话故事，但也有一些出自其他信仰体系，如罗马化的凯尔特宗教和后来的基督教。因此，一个故事可能会有多个版本，故事中的角色也可能拥有更多、更少或者完全不同的能力。此外，许多凯尔特神灵还有三位一体的特征，这也使问题更加复杂。

凯尔特人普遍认为那些神奇的生物与神灵居住在与人世隔绝的“异世界”（Otherworld）。威尔士神话将这个世界称为阿瓦隆[①]（Avalon），而爱尔兰神话则称其为希德[②]（Sidhe）。这些故事口口相传，历久弥新，最终由叙述者或他们的后代以书面形式记录了下来。

我们对凯尔特宗教的了解则大多来源于罗马作家的叙述。但由于罗马的偏见，误解是不可避免的。尤利乌斯·恺撒曾详细记述了凯尔特人的信仰，但他在文中使用的是他所熟悉的表达。比如，他说墨丘利[③]（Mercury）也是高卢人的主神，但这是不可能的。合理的解释是，凯尔特人有一个类似墨丘利的神，由于恺撒不知道这个神的名字，他便只好使用“墨丘利”这个具有类似含义的称呼，方便读者理解。这或许也展现了罗马人的傲慢，他们擅自认为“野蛮人”崇拜的也是罗马的神，只是赋予了罗马神灵其他的名字。

罗马人将自己信奉的神明与凯尔特神明一一对应的做法在某种意义上是合理的。但高卢人尊奉的神明纷繁复杂，其中很大一部分只属于特定地区或特定部落。这些特殊的神灵也可能具备类似能力，但罗马人有时仍将其视为不同的神。由于高卢人没有留下有关其信仰的书面记载，罗马人的描述便成为我们理解凯尔特神话与宗教的不二之选。

左上图 这是由罗马统治下的高卢人打造的墨丘利神像。将凯尔特神明与罗马神明相提并论的做法很可能始于罗马学者的论述。由于信息的匮乏，他们能做的也只有东拼西凑。在罗马征服高卢后，信仰体系的统一也成为现实。

尽管凯尔特人来自五湖四海，但他们有着共同的先祖，

① 即仙女居住的地方。——译者注

② 仙宫。——译者注

③ 墨丘利（Mercury）是罗马神话中十二主神之一，掌管畜牧、偷盗、商业、交通、旅游和体育等。——译者注

跨页图 虽不一定准确，但凯尔特宗教给人留下的印象往往是身着白袍的德鲁伊收集槲寄生的画面。同时，他们周围往往也环绕着相当数量的、相貌粗犷的凯尔特战士。

且彼此之间或多或少都保持着联系。因此，我们可以合理推断，许多凯尔特神明在不同地区有不同的名字，但本质上仍是同一个神。此外，一些凯尔特神明拥有广泛的信众，而另一些则有地域性。前者可能体现了一种普遍的追求，而后者则显示了特定部落或地区的需求。可以说，所有凯尔特人信奉的是同样的神，但其实这些神明也存在地域性差异。

同样，在凯尔特人的世界中，宗教体系很可能也是统一的。然而，地方习俗有时也会与传统大相径庭。恺撒按照自己的理解记录了凯尔特宗教体系中的各个角色：德鲁伊是祭司，也是律师；吟游诗人记录传统，讲述故事；而被称为“奥维特”（Ovates）或“维特”（Vates）的人则是神秘的预言家。但这些人也可能不是一个个独立的群体，而都是早期的没有经过磨炼的德鲁伊。的确，这三个群体有时都被视作德鲁伊，或者至少是德鲁伊这一社会阶层的成员，只是群体之间的界限往往会随着时间和地点的改变而改变。

凯尔特诸神

许多受古代凯尔特人崇拜的神与其他文化中的神具有类似的能力，比如一些掌管生死的神明。死亡和死后的生命几乎对所有群体而言都很重要，凯尔特人自然也不例外。在凯尔特文化中，一些死神也兼具其他责任，比如“角神”科尔努诺斯（Cernunnos）便还掌管着农业生产。

科尔努诺斯以长有鹿角的形象为人所知，在凯尔特社会广受尊崇。事实上，长有鹿角的神并不是唯一的，他们同时出现在多地，且主管类似的事务，只是某地的凯尔特人率先将其命名为科尔努诺斯。这也就是说，我们如今所了解的科尔努诺斯可能是多个不同神明的结合。他们有着相似的外貌，履行同样的职能，又没有证据可以说明他们之间的地域性差异，所以无论何时何地使用科尔努诺斯这个名字都并不牵强。同样的问题也存在于对其他凯尔特神明的定义之中（特别是那些欧洲大陆的凯尔特神明）。尽管凯尔特人时常描绘神像，却几乎没有赋予神姓名。因此，即便是考古学家，也只能尽力揣测这些神的身份。

贡讷斯特鲁普大锅上雕饰与凯尔特人其他物品上的图案一样晦涩难懂。

科尔努诺斯掌管死亡，但也与自然界的动植物息息相关。贡讷斯特鲁普大锅（Gundestrup Cauldron）是1891年在丹麦的泥炭沼泽中发现的一个银制容器。锅上不仅有科尔努诺斯（或相貌相似的其他神明）的雕饰，似乎还有一些神话中的生灵刻于其上。就像其他物品上的图案一样，科尔努诺斯的形象

上图 这个长着鹿角的人常见于凯尔特宗教艺术作品之中。人们为他起名为“科尔努诺斯”。从此，鹿角人身的神便以这个名字为人所知。然而，目前我们并不知道是否所有艺术作品中带鹿角的人都是对同一个神的刻画。

也令人十分费解。因为在这口锅上，铸造者将他刻画成了一手拿着项圈，一手擒着大蛇的神明。

凯尔特人的另一位死神名为苏克鲁斯（Sucellus）。同样，他也掌管着农业生产。苏克鲁斯偶尔会与一只三头犬同时出现在艺术作品中。这起源于匈牙利（Hungary），可能与古典神话中看守冥界的三头犬刻耳柏洛斯（Cerberus）有关。有时，苏克鲁斯的身旁还伴有一只乌鸦。在一些神话中，乌鸦是送魂者，能够引导死者的灵魂找到通往下一世的道路。

虽然这些死神似乎也掌管着万物的繁育，比如苏克鲁斯便维系着林地和农业生产，但凯尔特神明中也有与死亡无关的，专事治愈、繁育和富足的神仙，比如一众凯尔特女神。相比只身一人的女神，三相女神在凯尔特地区的流传更为广泛，其形象有时伴有婴儿，有时为果实环绕。

一些掌管农业生产与部落兴旺的凯尔特神灵并没有名字，凯尔特人在对其进行描绘时通常会以水果、酒或金钱作为陪衬。于是，罗马人便将这些神与墨丘利联系在一起，并常常

用这个名字来称呼他们。这可能会造成信仰体系的混乱，因为罗马人似乎把许多凯尔特神明都与墨丘利扯上了关系，但他们的形象与力量各不相同。

诸神的命名

一些凯尔特神明是与部落或地域紧密相连的，甚至有些与当地的水体也有关联。这些神的信众往往并不广泛，他们的名字也大多不为人知。罗马人将凯尔特部落的战神与他们自己的战神马尔斯（Mars）等同。但凯尔特部落战神不仅仅掌管战事，他们也是特定部落的守护神，掌管法律，治愈世人，保护部落，解决冲突。

一些专属于地方或部落的神常常以特定部落或地域的名称为人所知。例如，沃塞古斯（Vosegus）得名于法国的孚日地区（Vosges region），并与该地区的森林、山脉和野生动物息息相关。而阿尔度纳（Arduinna）则是阿登地区（Ardennes Region）的一位具有类似职能的女神。凯尔特人几乎不会对所属部落或地域以外的神三叩九拜，即便这些神几乎没有差别。

凯尔特人的治愈之神往往与具有治疗特性的水体有关，比如温泉。广受世人崇拜的希罗娜（Sirona）和格兰努斯（Grannus）便与疗养用的泉水息息相关。尽管两人并辔齐驱，但世人对他们的崇拜仍然是有地域差异的。希罗娜在东高卢，特别是摩泽尔河谷（Moselle valley），以及多瑙河地区十分出名，而格兰努斯则得名于亚琛格兰尼①（Aquae Granni）。一些泉眼有自己的守护神，他们可能是希罗娜或格兰努斯的分身，也可能是专属于某地的神灵。

一些凯尔特神明具有更广泛的信众，巴莱纳斯（Belenus）便是其中之一。他的名字由五朔篝火节（Beltane）而来，但不同地区的凯尔特人对他有不同的称呼。在威尔士，巴莱纳斯被人称为贝利（Beli）；而在爱尔兰，他又被称为比莱

上图 苏克鲁斯是一位与农业和自然有关的父神。他的雕像遍布整个高卢地区，凯尔特人刻画的苏克鲁斯总是一手拿着长柄木槌，一手拿着食物或饮料。这表明他也掌管人世的繁荣。

① 现在的亚琛（Aachen）。

（Bile）。除了名号大同小异，巴莱纳斯在爱尔兰和威尔士还具有类似的象征意义，都代表着黑暗和冥界。然而，这与巴莱纳斯原本的形象不符，他是与火有关的神，罗马人也将他视作阿波罗（Apollo）的化身。

塔拉尼斯（Taranis）是一位雷神，主要见于高卢地区和不列颠群岛。他常常被描绘成一个满脸胡须、手持雷电的男人，带有辐条的转轮便是他的象征。因此，罗马人认定塔拉尼斯就是凯尔特人的朱庇特（Jupiter）。作为一个有能力控制气象的神，塔拉尼斯的地位无疑是举足轻重的。甚至，一些罗马作家认为他是凯尔特人的主神之一。然而，塔拉尼斯并不是常见于凯尔特艺术作品中的人物。这表明实际情况与罗马作家的认知可能并不相同。

女神埃波娜（Epona）的信众分布于欧洲大部分地区。她既是战神，又被人视作马之女神。这也就是说，埃波娜不仅掌管战争，也关系着繁育。凯尔特人偶尔视她为母神，却将其描绘成马的形态。信仰埃波娜的传统由大陆一直传到了不列颠群岛。不仅如此，这位女神也受到了罗马骑兵部队的尊崇，成为唯一一个广受罗马民众供奉的凯尔特神明。

根据尤利乌斯·恺撒的说法，对高卢人而言，最重要的神当属鲁格（Lugh）。凯尔特地区的一些城镇都是以他的名字命名的，其中包括罗马时期的鲁格杜努姆（Lugdunum），也就是现代法国的里昂（Lyons），以及曾被称为鲁格瓦利姆（Luguvalium）的英格兰卡莱尔市

下图 从高卢地区到多瑙河流域都有信奉希罗娜女神的人。这位女神与具有治疗功效的水体息息相关，比如温泉。在刻画她的艺术作品中，鸡蛋或蛇往往是必不可少的意象。

下图　塔拉尼斯是在欧洲大陆和不列颠群岛的大部分地区广受凯尔特人崇拜的雷神。于是，罗马人自然而然地将其与朱庇特联系起来。在相关艺术作品中，塔尼拉斯通常是以手持雷电和转轮的形象出现的。

（Carlisle）。鲁格是天空之神、太阳之神，也是许多技能和工艺的创造者。有的罗马人将他视作阿波罗，有的则说他是墨丘利。而对高卢人来说，鲁格曾是一位凯尔特首领，也许还当过国王。爱尔兰人把他当作一位战神来供奉，而在威尔士神话中，鲁格则被冠以利尤[①]（Lleu）之名。不同地区的凯尔特人对同一个神的信仰可能会有不同的侧重，或者随着时间的推移，神的力量也会发生改变。这并非凯尔特宗教的典型特征，由于各地受到的影响不同，这也许是不可避免的。

凯尔特人有时会把一些神话人物当作神，有时又认为他们只是超自然的存在。爱尔兰神话中的莫瑞甘（Morrigan）就是这样一个模棱两可的人物。作为女神，莫瑞甘具有三位一体的特征，但人们对她的三个分身有着不同的解读。在神话中，莫瑞甘可以改变自身形态、预知未来并干预部落和英雄的命运。她参与部落冲突，也影响着首领的管治，是一个报复心极强的人物。只要她愿意，她可以变成各种动物，比如鳗鱼、小母牛和乌鸦，也可以以美丽的少女或女巫的形态出现。一切变化都取决于她想要达成的目的。

虽然我们并不知道爱尔兰的其他神灵到底是大陆凯尔特神灵的分身或化身，还是独一无二的存在，但与莫瑞甘相比，他们的形象显然更加清晰。达格达（Dagda）在爱尔兰地区的凯尔特人心中有着举足轻重的地位。他曾带领达努神族和其他超自然的生灵征服了曾经统治爱尔兰地区的民族，使凯尔特人可以在爱尔兰定居。

在努阿达（Nuada）受伤后，达格达成为达努神族（Tuatha Dé Danann）的首领。顾名思义，达努神族就是“达努的后代”，是“众神之族”。由于他们在爱尔兰的征服行动取得了成功，曾经的住民，即所谓的弗摩人（Fomorians），便不得不离开自己的家园。

达格达的胜利与希腊诸神击败泰坦一族（Titans）和北欧诸神推翻约顿巨人族（Jotun）的统治均有相似之处。这可能

① 全名利尤·劳·盖菲斯（Lleu Llaw Gyffes）。

只是对爱尔兰原住民的征服，也可能象征着原住民的神被新民族的神打败。无论怎样，达格达终究是给爱尔兰凯尔特人提供了一个可以称之为家的地方。

达格达有一把神奇的锤子，可以同时杀死九个人，而锤子的长柄又可以使人死而复生。这可能象征着领袖掌握的生杀大权。此外，他的魔法竖琴也有惊人的神力，可以赋予世界秩序，令四季随其音乐变化，甚至决定战斗的进程。达格达与人世的丰盈富足也息息相关。他有一口神奇的大锅和两头神猪，可以提供无尽的食物，养活所有人。

达格达一族的母神名为达努[①]（Danu），是大地及河流之神，人世的丰饶也得益于她的庇佑。如今的多瑙河很可能就是为了纪念她才如此命名的。这说明人们对她的崇拜是普遍的，不仅存在于爱尔兰地区。达努神族将世界赠予凡人后举族前往空山之境[②]（Hollow Hills）定居，而达努也就此成为神族之母。

达努神族最初的首领名叫努阿达。他的故事很复杂，有时也很矛盾。传说，他带领众神与已经在爱尔兰定居的费伯格人（Fir Bolg）作战。虽然将费伯格人打败，但努阿达在战斗中也失去了一只手，不能再统领众神。接替他的是弗摩族的后裔布雷斯（Bres）王子。然而，布雷斯是一个冷漠无情的统治者。

传说被达格达从战斗中救出的努阿达在换上银制义肢后得以重新掌权。但他自愿将首领的位置让给了鲁格。这一决定使达努神族在抵御由布雷斯和他的盟友巴罗尔（Balor）领导的弗摩人时更加一往无前。虽然努阿达最终在与弗摩族的战斗中牺牲，但鲁格后来为他报了仇。

上图　战神埃波娜也被视作马之女神，象征着战争，也关系着繁育。罗马人信奉她，尤其把她当作罗马骑兵与骑兵坐骑的守护神。

① 或称达娜（Dana）。
② 即希德（Sidhe）。

除去以上提及的，古代凯尔特人还信奉许多神，但其中的一些影响具有地域性。许多地方神灵可能来源于别处，或是信众更加广泛的神灵在地方的分身。一些凯尔特神灵成为基督教的圣人，而另一些则成了基督教的对头。例如，“角神”科尔努诺斯有时便被基督教徒视为魔鬼。

对页图 虽然努阿达的一些亲信可以帮他分忧，但没有人可以像鲁格一样一肩挑起所有的重担。最终，鲁格带领达努神族战胜了他们的敌人。

宗教节日

凯尔特人的许多宗教节日都以某种形式持续到了今天。如基督教一类的新兴宗教并没有对这些“异教”节日赶尽杀绝，而是纷纷将其纳入了各自的节日体系之中。事实上，凯尔特宗教可能也接纳了来自其他信仰体系的节日。这种宗教文化之间的融合之所以能够实现，可能不仅仅是因为凯尔特人的节日往往设置在一年之中十分重要的节点，比如春天与隆冬等。

习惯也是节日融合的成因之一。对于新兴宗教来说，在既有的重要日子里举行自己的节庆活动无疑是有意义的。这不仅能逐渐使信徒们接受新的节日，而且还有助于清除旧的信仰。毕竟，他们一天只能过一个节日。

如今，有很多人认为凯尔特人的新年是从 10 月 31 日或 11 月 1 日晚上的萨温节（Samhain）开始的。然而，中世纪的

下图 爱尔兰的太阳石庙（The Grianan of Aileach）是一个建于公元 600 年至 700 年的环形堡垒。甚至，在成为一座神庙之前，这个堡垒就已经为人所用了。它既是一个政治权力中心，也是一个重要的宗教场所。

记载与威尔士的传说都表明凯尔特人一般是在隆冬时节庆祝新年的。

尽管如此，萨温节对于凯尔特人而言依旧是极为重要的节日之一。它是秋分与冬至之间的一个节点，与夏天的结束和为即将到来的冬季做准备有关。此外，这个节日也与死亡有关。在这一天，人们常常举行宴会来纪念死者。尽管中世纪的记载显示，当时的人相信萨温节是鬼神在一年中最为活跃的时节，但对于古代凯尔特人究竟是否相信生者与死者之间的分界在此时变得微弱，我们仍不得而知。同样，收获或准备冬日降临的节日是如何变化为在同一日期举行的现代节日的，也还有待考据。

尤尔节（Yule）的庆祝活动往往在冬至（12 月 21 日）这一天举行。相比萨温节，尤尔节更有可能是新年伊始的标志。它与太阳诸神有关，象征着光明和温暖的回归。传说，每年在这个时候太阳都会休息十二天。没有太阳的时候，人们便靠燃烧木头来获取光和热，直到尤尔节那一天。燃烧尤尔木的传统便起源于此。如今，为迎接光明和驱除邪恶，一些地区仍然保有手持火把游行和燃烧松木的传统。这便再一次验证了尤尔节是重获光明的一天，标志着崭新的开端。

冬至与春分的中间节点，即现代日历中的 2 月 2 日，是另一个与火有关的节日。这个节日被凯尔特人称为“圣布里吉德节”（Imbolc）。人们在这一天以挤羊奶的传统习俗迎接春天的到来。同尤尔节一样，圣布里吉德节后来也与基督教节日融合，成为现在的圣烛节（Candlemas）。传说，这一节日与布里吉德（St Brigid）有关，

最初，她只是凯尔特民族的一个女神，但后来逐渐被塑造成基督教的圣人。如果真是这样，那么至少在某些地区，圣烛节的由来可能与人们对布里吉德的崇拜有关。

标志着春天之始的春分也是奥斯塔拉（Ostara）之日，也就是现代的复活节（Easter）。昼夜等长象征着自然界的平衡，也象征着善恶之间的平衡。因此，对于凯尔特人而言，这是意义非凡的一天。同时，奥斯塔拉日也是农耕的开始，在这一天，人们将向神明祈求新一年的富足，希望神明保佑农牧活动的顺利开展。因此，它不仅具有宗教意义，也是一个重要的民俗节日。

贝尔坦节（Beltaine）介于春分和夏至之间，也是一个与火有关的节日。但它不同于萨温节，甚至与之截然相反。贝尔坦节关系着未来一年内的好运。虽然我们并不知道这个节日究竟得名于何处，但它可能与巴莱纳斯，甚至《旧约》（*Old Testament*）中的巴尔（Baal）有关。在这一天，凯尔特人会将牛群赶到大火之间，或亲自在火中穿行。据说，这是为了驱除厄运，祈求神明保佑自己在即将到来的夏天身体健硕，气运亨通。

贝尔坦节是夏天的开始，也是举行牵手礼与结婚仪式的吉时。随着时间的推移，它逐渐演变成了现在的五朔节（May Day）。由于每年的这个时候对农业生产者而言都是十分重要的，这个节日能在“凯尔特时代”结束后延续至今也就不足为奇了。同时，在一些凯尔特地区，比如爱尔兰，或者奥克尼（Orkney）与设得兰群岛（Shetland Islands），人们也会在仲夏时节庆祝类似的与火有关的节日。但研究表明，在威尔士和苏格兰的大部分地区，这样的活动可能相对较少。

收获节（Lammas）或鲁格纳萨节

对页图　现代德鲁伊聚集在巨石阵中，庆祝春天的到来。这个巨石阵出现的时间比“凯尔特时代”的到来早了好几个世纪，而许多凯尔特节日的历史也是如此久远。这并不令人意外，无论处于什么时期，自然年的重要节点对于人类而言总是意义非凡的。

下图　贝尔坦节标志着生长的开始。节日里，人们会用火来驱除邪气与厄运以迎接繁盛的夏天。此外，凯尔特人也会在这一天祈求神明保佑自己免受巫术和超自然生灵的恶意攻击。

研究者称，有时活的动物会被扔到葬礼上的火堆中。

（Lughnasa）标志着秋天的到来。它起源于爱尔兰的太阳神鲁格，是对丰收的庆祝，也是对夏天的追念。从这一天开始，世界将慢慢变得寒冷、暗淡，人类的生活也会因此变得越来越艰辛。九月秋分，人们会庆祝玛布节（Mabon），纪念收获季节的结束。与春分一样，因为昼夜等长，这一天对于凯尔特人而言也是神奇的一天。

凯尔特节日也具有非凡的传奇色彩。在许多神话故事中，神灵下凡，英雄问世往往发生在这些日子里。然而，挑选这些节日可能只是一些英雄故事树立人物形象、架构故事背景的需要。它们交代了故事发生的时间，也让人物看起来更加重要。

尽管如此，伟大的凯尔特节日都发生在明显又合乎逻辑的时间节点。因此，许多凯尔特节日为后来兴起的宗教所接纳，一些成为重要的民俗节日，在世界范围内推行也就不出人意料了。甚至，曾经认为这些节日没有宗教意义的人，如今也对其习以为常。

来世

古代凯尔特人对来世有一种执念。他们相信死者最终会重生，开启一段新的人生。在他们看来，有些东西是可以带入下一世的，比如私人财物，甚至债务。下葬死者时，人们往往会用大量的金钱或有用的物件陪葬。此外，一些凯尔特人的墓葬中也有相当数量的酒。如果是火葬，人们会将活生生的动物扔进葬礼上的火堆中，随逝者一同火化。这大概也是为了让它们伴随主人进入下一世。

研究发现，有时死者的家人也会随死者一同下葬。这虽然有可能是丈夫和妻子选择生死与共的结果，但更合理的解释是，由于死者位高权重，凯尔特人有时会诛杀人质、俘虏甚至是死者的家庭成员陪葬。考古学家曾在凯尔特人的墓葬中发现一些无头骸骨（或被捆绑起来的骷髅）。尽管墓葬主人

对页图　古代凯尔特人相信，人死后会在别处开始一段新的生活。由于陪葬品的存在，他们可以带着一些生前的银钱物品进入下一世。这并没有什么不妥，因为未偿还的债务也将转移至他们的下一世。

周围埋着各式各样的陪葬品，却没有一件是属于这些骸骨的。这便极有可能是被俘的敌人与部落里的一个战士或首领一起下葬的情况。

盔甲和武器常见于凯尔特战士的陪葬品之中，而过世的战士往往在可以看到敌对部落的位置上安息。凯尔特人认为战士在死后也可以守望故土，将他们安葬在高高的山冈上，如果需要的话，他们可以从坟墓中跳出来，保护家人与部落免受攻击。据罗马史料与其他资料记载，凯尔特人相信人的灵魂并不会随身故而消散，而许多凯尔特战士对自身安全的漠视便来源于这种信仰。据说，死者的灵魂将与存在于另一个世界（或许是这个世界的另一处）的新生命融合并以同样的身份开启一段新的生活。人们今生未偿还的债务会延续到下一世。更重要的是，这也表示每个人都可以实现永生。

死者前往的世界并不是压抑的冥府或者灰色的等待之地，它是另一个世界，同死者刚刚离开的世界一样多姿多彩。一些作家曾写道，凯尔特人认为人的来世可能会变化为动物。这种说法值得怀疑，也可能某些地方受到了歪曲。书中也有关于死者以鬼魂或幽灵的形态返回人世的记载，但这可能只是后来的人根据凯尔特传说做出的推测。在一些故事中，大多数人转世后还是活生生的人。

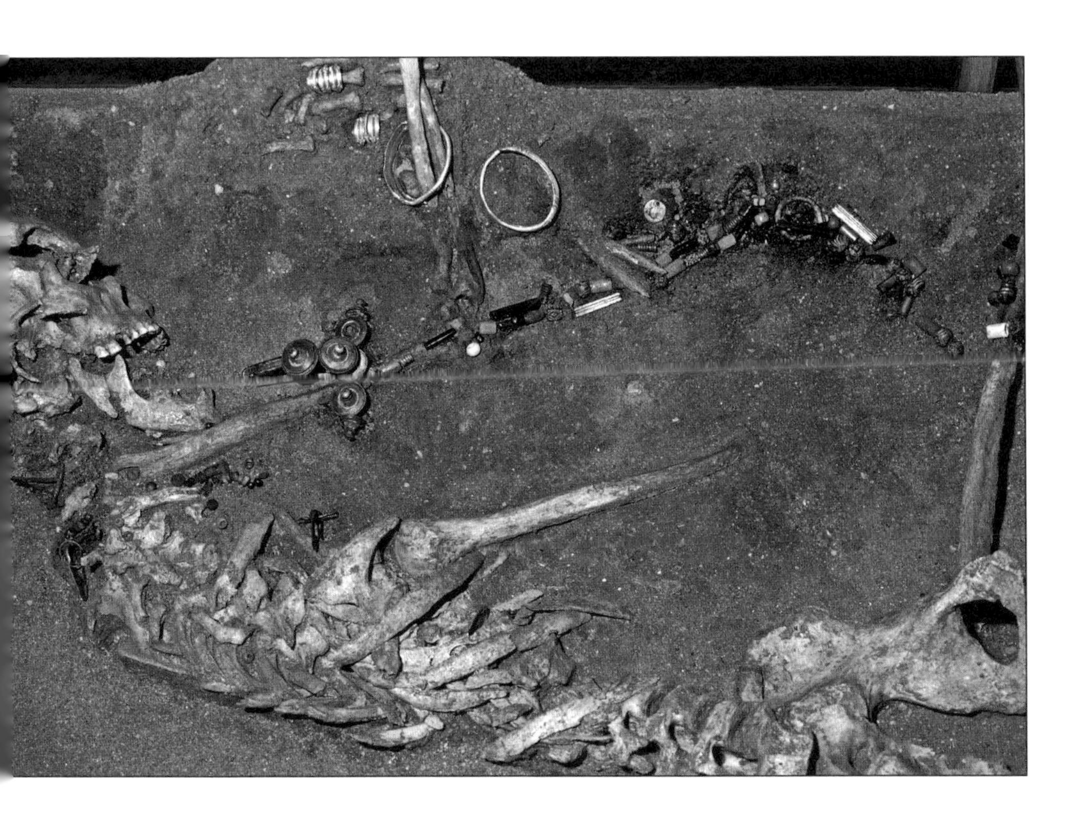

归来者

下图 康沃尔地区的琼恩墓冢（Chun Quoit）是石室墓冢或门形墓冢里的典范。最初，这些巨大的石头是被埋在土墩里的。土墩经年累月受风雨侵蚀，石头便从中露了出来。琼恩墓冢建于公元前2400年左右，可能是由原始凯尔特人建造的。

根据凯尔特传说，归来的死者可以做大多数活人能做的事情。这些人既可以在战斗中成为英雄的左膀右臂，也可以勾引别人的妻子。他们能吃能喝，与活人别无二致。更有甚者，他们拥有超自然的神力，可以隐身或瞬移。

凯尔特人有一些旨在防止死者成为孤魂野鬼的传统葬俗。比如，他们会在坟墓上放置巨石，或将死者的四肢绑住，以限制他们的活动。即使做到了这个分上，人们仍有可能与死者通灵。这一般是通过夜间上坟或直接睡在死者的坟墓旁实现的。

若死者并没有返回人世给予生者帮助或给他们带来困扰，那他们又去了何处呢？由于过往的资料充满了作者的个人看法与误解，人们在解读凯尔特人的信仰时往往会出现许多差错。一些作家声称凯尔特人相信有一个神秘的岛屿，是所有或者部分亡灵的归宿。而其他作家则表示，死者必须穿越一

个地下海洋才能开始新的生活。的确，许多资料中都有死者于地下安身的记载。如果真是这样的话，凯尔特人死后的归宿可比其他文化中的地狱安逸得多。

我们甚至不清楚凯尔特人是否相信他们会在死后前往另一个世界或于别处开始一段新的生活，也不知道这对于他们是否重要。但我们可以看出，凯尔特人相信死亡并不意味着结束，只是一个人在踏上下一段旅程前的短暂停歇。因此，在战斗中身亡于他们而言并不可怕。如果能从绝望或悲惨的处境中逃脱，自杀甚至可能是一个不错的选择。

凯尔特人的信仰确实让许多研究者感到困惑和迷茫。一些人试图将它等同于其他信仰体系。然而，这让未来相关领域的研究者更加摸不着头脑。凯尔特人的信仰，就像他们文化的其他层面一样，是独一无二的，并不能用外来体系去解释，毫无根据的推论和猜想也只能到此为止。遗憾的是，真正了解这一切的人早就已经不在了。

上图 凯尔特人的葬礼对死者和生者而言都是一件重要的事情。据说，如果葬礼不合规矩，死者可能会返回人世并骚扰他们的邻居或亲戚。

CELTIC MYTHS

AND LEGENDS

凯尔特
神话与传说

我们今天所了解的大多数凯尔特神话都是以民谣的形式传承下来的。一些故事在口口相传的过程中自然而然地会变形走样。还有一些世代相传的神话，得以在中世纪时被记录下来。

对页图 由于石头上的两张人脸，博亚岛（Boa Island）上的这座雕像常常被人称作杰纳斯石，但它实际并不是罗马神明杰纳斯（Janus）的雕像。它象征着某位凯尔特神明，至于具体是凯尔特神话中的哪位神明，我们仍不得而知。

然而，中世纪的知识阶层大多都是基督教徒，他们即便记录下凯尔特民族的神话传说，也肯定带有自己的目的。因此，我们不能肯定流传至今的故事仍与原版一致。事实上，在"凯尔特时代"，许多故事就已经经过吟游诗人的"加工"。

尽管在欧洲大陆，许多凯尔特神话、传说和故事都被人们遗忘了，但在爱尔兰、威尔士和其他躲过罗马殖民的地区，有一些故事或许得以幸存下来。这些故事中许多是围绕着英雄的冒险展开的，也有许多介绍了英雄与诸神或其他超自然的生灵之间的互动。有的显然是神话，而有的则包含真实的历史，引人深思。这也可以通过其他资料加以证实。

一些爱尔兰神话映射了凯尔特人在抵达如今的爱尔兰地区时与当地人之间的矛盾。当地的反抗势力是以弗摩人的形象呈现的。弗摩人被刻画得十分野蛮，他们有时被描绘成人类，有时又是羊头人身，有时甚至只有一只胳膊和一条腿。

作为达努神族（实际就是凯尔特人）的对手，弗摩人自然是奸诈、邪恶且不可饶恕的。没有人知道弗摩人究竟是谁。他们可能是最早定居在爱尔兰的人，也可能是早先移民过来的人。达努神族和弗摩人之间的斗争可能不仅仅是对人类种族冲突的记录，更多的是新的到访者与原始居民的信仰体系之间碰撞的一种体现。

《入侵纪》（*The Book of Invasions*）是"爱尔兰神话"（Mythological Cycle）的一部分。总体上，"爱尔兰神话"指的是爱尔兰凯尔特人的传统神话故事。《入侵纪》讲述了凯尔特人连续五次入侵（或许是移民至）爱尔兰，最终在那里建立起凯尔特社会的经过。的确，神话中的入侵与已知的史实有相似之处，但其间关联并不确切。或许，爱尔兰和欧洲其他地区之间存在着相当规模的人口流动，尤其是在通往不列颠群岛的陆桥尚且存在的时候。人们通常认为出现在苏格兰的皮克特人（Picts）也有可能曾经在爱尔兰生活，毕竟从高卢或伊比利亚半岛北部前往爱尔兰都不是难事。

根据古代学者的说法，伊维尼（Iverni）部落首先进入了不列颠群岛，随后是来自高卢的贝尔格人（Belgae）和来

右图　位于爱尔兰高威（Galway）的邓恩·安格斯堡（Dun Aengus）最初是在公元前1100年左右建造的。建成后的500年内，其防御设施得到了极大的加强。据说，这是费伯格人在被达努神族打败后建造的避难场所。

对页图　人们对皮克特民族所知甚少。他们与古代凯尔特人有很多共同点，可能是一个具有地域特色的凯尔特群体，只是后来逐渐与加里东文化（Caledonian Cultures）融合了。

自布列塔尼（Brittany）的拉金人（Lagin）。费尼人（Féni）是最后一批入侵者，也是《入侵纪》中米勒斯人（Milesians）的原型。正是这些人创造了爱尔兰地区的凯尔特文化。

入侵

最早到达爱尔兰的人是由希赛儿（Cesair）带领的。根据记录这个故事的基督教编年史家的说法，她是诺亚（Noah）的孙女。由于不能登上方舟，希赛儿便带领着一小群人去寻找避难所，而爱尔兰便是合适的选择。她的队伍中有3个男

人和 50 个女人。他们最初的计划是将土地分给男人，繁育后代来占据它。

希赛儿选择了其中一个男人作为自己的丈夫，其名为芬坦·麦克博库拉（Fintan Mac Bochra）。她偏心于自己的丈夫，而另外两个男人不久便离世了。从此，芬坦实际上有 50 个妻子，他感到这种情况并不令他愉快，便把自己变成了鳜鱼，离开了爱尔兰，而希赛儿则伤心至死。其他女人的命运不得而知，但她们显然也没能找到新的丈夫。

希赛儿原本可能是一个凯尔特英雄，只是后来基督教徒改编了她的故事并将她写入《圣经》。这样的事并不罕见。一些凯尔特神明或英雄成为基督教的圣人，还有许多其他的人物也以这种方式留存了下来。

显然，希赛儿没能成功定居爱尔兰。等到由巴索隆（Partholon）领导的第二批入侵者到来时，希赛儿一行人早已不见踪影。巴索隆人是大洪水（the Great Flood)后第一批到达爱尔兰的人。显然，这第二批人马是从希腊迂回而来的。毕竟在希赛儿那支命运多舛的队伍到达爱尔兰三个世纪之后，他们才出现在这个地方。领头的巴索隆在希腊犯下了谋杀父母之罪，遭到国家流放，而且他也因此失去了一只眼睛。在定居爱尔兰之前，巴索隆带领他的流浪者队伍走了七年。在爱尔兰定居之后，只过了三年，他们就与当地的弗摩人发生了纠纷。这是弗摩人第一次出现在故事中，他们被描述为只有一只胳膊和一条腿的怪异生物。但他们仍是危险的敌人，巴索隆的人经过艰苦的战斗才将其打败。

右图 可以变化为动物的能力曾使图安（Tuan）多次逃脱敌人的追捕。但他最终还是失败了。一次，图安在变成鲑鱼后被抓住吃掉了。

对页图 托里岛（Toraigh）是邪恶的弗摩人的据点。他们在岛上最高点建造的宝塔状堡垒，在多个英雄故事中都有出现。

最终，巴索隆人将弗摩人赶出了爱尔兰。我们不确定那群弗摩人究竟去了哪里，也没有记载显示他们最初来自哪里。他们在希赛儿的时代并未出现。因此，这群人应该是在第一次和第二次殖民之间的312年里到达的。后来的故事均称弗摩人的据点是在爱尔兰西北海岸的托里岛（Tory）上。所以，也许他们根本就不是爱尔兰的原住民，而是与巴索隆人一样的入侵者和麻烦制造者。

在战胜后的大约30年里，爱尔兰地区一直由巴索隆统治，而巴索隆民族也延续了120年。直到一场瘟疫的到来令整个民族受难。在瘟疫中唯一幸存下来的人名叫图安，他是巴索隆的侄子，拥有神奇的力量。因此，在其他巴索隆人因病去世的时候，年迈的他仍然精神健硕。在后续的入侵者到来之前，图安独自生活了30年，并时常伪装成雄鹿、老鹰、野猪和鲑鱼等动物以躲避入侵者的目光。但有一次，在图安变成鲑鱼的时候，他被一个新的入侵者抓住并吃掉了。

新的入侵者在内米德（Nemed）的带领下来到了爱尔兰。内米德是诺亚儿子的后代，他所带领的这群人后来被称为内米德人。我们并不清楚他们从何而来，因为人们对内米德人有不同的描述：有的说他们自西而来，有的则称他们原是伊比利亚半岛上的居民。但可以确定的是，他们在登陆爱尔兰之前，带着有 32 艘船的舰队在大洋上漂泊了 18 个月。

内米德人在爱尔兰安定下来。最初，他们过得相当不错。有一个名叫凯里尔（Cairill）的人的妻子在吃了一条鲑鱼后怀孕了。那时，她大概不知道鲑鱼是动物形态的图安，巧合的是她生下的儿子被命名为图安·麦克凯里尔（Tuan Mac Cairill），甚至成为《入侵纪》的作者。人们认为是强大的魔法起了作用才使这孩子继承了图安之名，可能是图安以某种形式实现了转世。

然而，弗摩人在巴索隆人消亡后返回了爱尔兰。很快，他们便与内米德人发生了冲突。尽管内米德人在战争中取得了胜利，但他们也遭受了惨重的损失。与此同时，瘟疫也令他们苦不堪言。因此，虚弱的内米德人被弗摩人压迫了许多年。

内米德人实在是厌倦了向霸主弗摩人进贡，于是他们发动了叛乱，击败了弗摩人，将他们赶回了托里岛。内米德人以巨大的代价赢得了最后的胜利，可他们一族

对页图 尽管费伯格人更多的是将邓恩·安格斯堡视作宗教建筑而不是军事基地，但它仍然被认为是世界上最优秀的“原始”防御工事之一。如今，该堡垒的一部分已重建，成为历史遗址。

只剩下了 30 个人。

后来，一些内米德人离开了爱尔兰，前往其他地方定居，其中便包括不列颠·麦尔（Britán Máel）。据说“不列颠”这个名字就是从他那里来的。不列颠的父亲弗格斯·莱斯德格（Fergus Lethderg）也一同离开了爱尔兰。他们和一些追随者在阿尔巴[1]（Alba）定居，而其他人则一路跋涉前往希腊。然而，他们在希腊成为奴隶。还有一群人设法到达了远在北方的安全之地（尽管我们并不知道具体是哪里），而他们最终成为达努神族，并回到了爱尔兰。

在希腊被奴役的内米德人后以“袋人”之名著称。他们的工作是把一袋袋的土壤运到土壤贫瘠的地方，为原本多石的色雷斯（Thracian）山坡增加肥力。这些“袋人”，或称费伯格人最终奋起反抗，用他们的土袋做成了船，并设法一路航行返回至爱尔兰。

返回爱尔兰的内米德人，也就是现在为人们所熟知的费伯格人，重新在爱尔兰定居、繁衍，但仍然难以避免冲突。一些记载提到了他们与弗摩人的战斗，而另一些则概述了费伯格人受新入侵者驱赶，被迫离开家园的故事。这些新的入侵者就是达努一族，他们像费伯格人一样回到了故土。

部落冲突

起初，达努与费伯格两个民族同意和平共处。但费伯格人突然改变了主意。

起初，达努与费伯格两个民族同意和平共处。但费伯格人突然改变了主意，向达努一族宣战。由此引发的马格特瑞德之战（Battle of Magh Tuireadh）充满了血腥，双方均损失惨重。但达努的优势在于他们拥有更加先进的技术，尤其擅长制造武器和盔甲。最终，这场战争以费伯格人的失败告终。

双方领袖都因这一战而无法继续统领族人。费伯格的国王奥凯德·麦克艾瑞克（Eochaid Mac Eirc）在战斗中丧命，而达努神族的领袖努阿达也失去了一只手。战败的费伯格人

① 即现在的苏格兰。

逃往如今高威郡的阿伦群岛（Aran Islands）避难。据传，他们在那里建立了一个宏伟的堡垒，即邓恩·安格斯堡，一直留存至今。其最初建于公元前1100年左右，在铁器时代扩建，成为世界上最著名的原始防御工事之一。

达努神族特许费伯格人留在康诺特省（Connaught），并与他们和平相处。费伯格族领袖的遗孀泰尔提乌（Tailtiu）改嫁给了达努族的一名战士，成为鲁格的养母。泰尔提乌可能是一位来自伊比利亚的外国公主，为了爱尔兰的繁荣，她倾其所有。因此，后来人们会在鲁格纳萨节上纪念她，就像他们纪念鲁格一样。

在马格特瑞德的第一场战役中，达努神族击败了费伯格人。但是，由于首领受到重伤，达努族必须重新选出一个新的领袖取而代之。最终，他们推选布雷斯上位。布雷斯是弗摩族领袖埃拉哈（Elatha）和一位达努族妇女的儿子。在达努族与弗摩人刚停战的时候，两方并没有争端，但布雷斯的统治改变了一切。

布雷斯是掌管农业的神明，但他不太擅长做民族领袖。他昏庸残暴，甚至引发了民族起义。治愈之神迪安·彻（Dian Cécht）用银子为努阿达打造了一只新手，希望他能重新统领全族。但由于努阿达的银制义肢并不能替代真正的手，努阿达仍不能长期担任一族之长。

后来，努阿达从弥亚卡（Miach）那里得到了一只有血有肉的新手臂（也可能是他原本的手臂长回来了）。然而，由于被弥亚卡超越，迪安·彻心生妒忌。为了报复，他杀害了弥亚卡。但同时，他也协助达努神族打败了弗摩人。他创造了一种

上图　虽然埃瑟林（弗摩族领袖巴罗尔的女儿）被关在托里岛上的一座塔里，但达努族的萨安仍然常常前去看望她。他们的孩子便是鲁格，最终也是这个孩子杀死了巴罗尔。

神奇之水。只要战士们在这种水中沐浴，就能使伤口得到治愈，重获健康。

更重要的是，努阿达重获健全的身体，便可以恢复统治地位。达努族人对此都感到十分振奋。于是，他们共同推翻了暴虐的布雷斯。弗摩人则感到十分不满，他们的领袖巴罗尔决定协助布雷斯重新夺回王位。为了达成目标，弗摩人不仅依靠蛮力与暴行，还使用了诡计和欺瞒的手段。布雷斯命儿子鲁阿丹（Ruadan）伪装成自己，以寻机杀死达努的铁匠之神戈伊布尼乌（Goibhniu）。于是，在最需要武器的关头，达努一族失去了快速修复武器的可能，愈合之水也在弗摩人的偷袭之下丧失了功效。

在一群弗摩人同盟的支持下，布雷斯趁达努族虚弱之时发动了进攻，并杀死了努阿达和他的妻子玛查（Macha，掌管命运与战争的女神）。对布雷斯来说，巴罗尔是制胜的关键，他被人称为“魔眼巴罗尔”（Balor of the Evil Eye），只需用目光就能杀人。

在危急时刻，达努神族得到了长手鲁格（Lugh Lámhfada）的援助。鲁格是巴罗尔的女儿埃瑟林（Ethlinn）所生的三胞胎之一，而他的父亲是达努和迪安·彻的儿子萨安（Cian）。有着这样的血统，鲁格和他的兄弟们注定要成为伟大的人物。然而，巴罗尔早就听说埃瑟林的孩子最终会杀了他。由于没能阻止埃瑟林与鲁格的父亲相遇，巴罗尔便下令追杀这些孩子。最终，三兄弟中只有鲁格幸存下来。他被达努一族救起并抚养长大。鲁格从小受叔叔戈伊布尼乌的教导，而泰尔提乌则是他的养母。

全才鲁格

鲁格在新的家庭里学到了很多东西，并被称为全才鲁格（Lugh Samildánach），“精通所有工艺”。他懂得战斗，也可以作为吟游诗人、医生、铁匠和木匠谋生。他逐渐显现出自己全面的技能和强大的力量，受到族人的高度评价。在成长的过程中，他斩获了四件宝物，包括一把神奇的剑和一支长矛，一块能显示爱尔兰真正领袖的试金石，以及一口永不见底的大锅——能为所有人提供食物。他也因此更加受人尊敬。

不过，鲁格对达努神族最大的贡献是他击败了巴罗尔。当时，九个随从撑开了巴罗尔的巨眼，让他的魔眼看向达努族人时，鲁格用弹弓向它发射了一块石头，将魔眼打了出去。这只可怖的眼睛一落地就杀死了27名弗摩战士。鲁格一举成功扭转了战局，弗摩人很快便败下阵来。他们无奈地看着达努族成为爱尔兰的领主，只能撤退到托里岛上。而鲁格为了回报布雷斯在农业上的贡献而赦免了他。

在接下来的40年里，鲁格成为爱尔兰的领袖。他娶了几个妻子，其中一个被瑟梅特（Cermait）勾引。鲁格得知之后，出于报复之心将瑟梅特杀死。而瑟梅特的儿子们为了复仇，最终杀死了鲁格。此时，鲁格的统治已给爱尔兰带来了40年的繁荣与和平，在他死后，瑟梅特的父亲达格达（Dagda）接替了他的位置。尽管达格达在与弗摩人的战斗中受了致命伤，但他的统治仍然延续了80年。

达格达的子孙后代一直统领着爱尔兰，直到梅利西人的到来。梅利西是一个由梅利·埃斯佩因领导的部落，从斯基泰（Scythia）经埃及而来。他们中途落脚于伊比利亚，最终登陆爱尔兰。两民族起初是和平相处的，但后来因为误会，梅利西与达努之间起了争执，后来更是升级成了战争。

梅利西人派出一支由65艘船组成的舰队对抗达努，而达努神族则试图

下图　梅利·埃斯佩因[1]（Mil Espaine）是拉丁语中“西班牙士兵”的意思。他的子孙征服了爱尔兰，赶走了达努神族，将这片土地据为己有。梅利·埃斯佩因也就此成为所有现代爱尔兰神话中的爱尔兰祖先。

① 或称梅利西安（Milesius）。

下图　玛纳诺·麦克李尔（Mannanán Mac Lir）与大海和冥界都有关系。他有许多神奇的宝物，并曾将一些宝物赠予他人，其中便包括鲁格。鲁格从麦克李尔那里得到了那把名为“回应者”（Answerer）的剑，这把剑给人留下的伤口永远都无法愈合。

对页图　这艘船是用黄金制成的模型，在1896年出土于北爱尔兰布赖特（Broighter）的一个金窖，可能是玛纳诺·麦克李尔的祭祀品。在同一地点还发现了金项圈和金碗等其他物品。

用神力阻止入侵。他们召唤了一场大雾，试图让梅利西人的船只迷路，但吟游诗人阿麦金[①]（Amairgin）用自己的魔力挫败了达努人的计谋。达努一族还试图用魔法风暴击沉梅利西人的船只，但同样以失败告终。最终，梅利西的军队登陆爱尔兰。

正是这个时候，爱尔兰得名爱尔林（Erin）。那时，达努一族由达格达的三个儿子统领，但他们的妻子都私下与梅利西人往来，且每个人都要求梅利西人以自己的名字为爱尔兰命名。最终，麦克格雷恩（MacGreine）的妻子爱尔（Eriu）获得了这一荣誉。作为回报，她协助梅利西人在战斗中击败了达努一族，夺取了对爱尔兰（即他们口中的爱尔林）的控制权。达努神族的三位领袖和他们的妻子都在与梅利西人的争斗中被杀，他们的族人却逃过一劫。达努部落撤退至通过神力隐藏起来的秘密之地，变得神奇而不朽，有如神明。有时，他们会从希德出来帮助或骚扰凡人。从此，梅利西人掌握了对爱尔兰的控制权，成为凯尔特人的祖先。

达努一族在玛纳诺·麦克李尔的带领下进入了另一个名为希德的世界。玛纳诺是大海之神，能够用魔法治愈他人和控制天气。有人说他是鲁格的养母泰尔提乌的父亲。但也有人说，泰尔提乌的父亲是伊比利亚的一位国王。玛纳诺有一艘名为“平浪者”（Wave-Sweeper）的魔法船，不过他也时常乘坐马车在水上航行。

玛纳诺住在一个通常被称为“青春之地”的地方，他在达努一族被梅利西人打败之后，把他们带到了这里。玛纳诺有一些魔法猪，这些猪每天都会被杀掉、烤熟并被送上人们的餐桌，但在不久之后它们又会复活。达努一族因为食用了这种猪肉从此获得了永生。

① 梅利·埃斯佩因的儿子。

战事

许多爱尔兰神话都是以伟大的战役、世仇或英雄事迹为基础展开的。其中一些是相当个人的甚至是微不足道的事，而另一些则改变了世界。例如，在马格特瑞德的第一场战役中，达努一族击败了费伯格人，并将他们驱逐至爱尔兰的遥远角落。这是一次具有政治意义的胜利。但在同一地点进行的第二场战役的结果截然不同。

弗摩人曾压迫过达努人，是他们的死敌。因此，弗摩人便成为达努人口中扭曲、邪恶、怪异与黑暗的代言人，而鲁格则是带来光明的英雄战士。达努一族认为，他们在与弗摩人的战斗中取得的胜利是太阳神鲁格对抗黑暗势力并获胜的结果，具有重大的神话意义。显然，这场胜利来之不易。在鲁格第一次反抗弗摩人统治时，他的父亲萨安丧命。当时，萨安在为即将到来的战斗招兵买马，却遭到了杜伦尼（Turenne）的儿子们的袭击。因为两个家族之间的血海深仇，萨安遭到了杀害。他曾试图化身为猪来躲避敌人，却被杜伦尼的儿子们发现，受了致命伤。他们仁慈地满足了萨安最后的愿望——变回正常形态，作为人类死去。

也许正是这样，人们看到的才是一具可辨认的尸体，而不是一头死猪。鲁格发现父亲过世，便抓住了凶手们。他给凶手们提供了两个选择：要么杀人偿命，要么就按照他的指令，完成一系列几乎不可能完成的任务，帮助达努人赢得战争。

兄弟俩成功完成了大部分的任务，并为鲁格寻来了一支会自行飞行并攻击敌人的魔法长矛，以及一张可以治愈任何伤口的猪皮。但兄弟俩在完成任务的过程中也受了重伤，他们请求鲁格用猪皮来治疗他们，却被鲁格拒绝了，因为鲁格要为父亲之死报仇雪恨。

此时，达格达正忙于为战斗做准备。达格达是一个纯粹的爱尔兰神明，在爱尔兰神话中的地位极为重要，但在其他地方并没有信徒。“达格达”意为“英明之神”，他也被称为“知识的主宰”和“众神之父”。关于达格达的背景，神话中的说法不一，但他确实是达努的孩子，可能与达努首领努阿达是兄弟关系。

达格达本就拥有几件具有魔力的宝物。在战斗前，他又收集了其他的神器。在七年的准备就绪之后，他开始四处打听弗摩人的计划。这时，鲁格也正在召集达努族人参战。在萨温节当晚，达格达遇到了一个女人，这个女人便是战争女神莫瑞甘。从她那里，达格达得知了弗摩人的计划。

莫瑞甘是一个有着多重身份的女神，或者说是三位女神的结合。她代表着对爱尔兰的主权，掌管着生死与战争，有时她也被称为恶魔女王。莫瑞甘可以预见未来，在与达格达交欢之后，她用这种能力窥见了弗摩人的计划并告知达格达。甚至，她

还同意在战斗中帮助达格达对付弗摩人。

就这样，莫瑞甘成为达格达的妻子之一。为了确保爱尔兰人口繁荣，莫瑞甘要求达格达在每个萨温节与她同床。与此同时，达格达打着休战的旗号与弗摩人会面，希望能误导他们，为他的族人争取更多的时间做好战斗准备。弗摩人也趁机戏弄了达格达，他们将一个深坑装满了粥，并称只要达格达把粥吃完，他们就释放他。

达格达打着休战的旗号与弗摩人会面，希望能误导他们。

达格达照做了，弗摩人也遵守诺言放了他。但他肚子吃得鼓鼓的，只能蹒跚而行，最终沦为别人的笑柄。在这种尴尬的状态下，他遇到了弗摩人首领之一英德克（Indech）的女儿。达格达被这个女孩吸引，却没有得到女孩的回应。这个女孩攻击了他，却要求他把自己背回家。一番折腾后，达格达终于变得不再臃肿，重新恢复了曾经的魅力，两人很快成为恋人。女孩试图说服达格达不要与弗摩人作对，但达格达非常固执，最终，女孩只好同意用魔法帮助他战斗。

做好了万全的准备，达努一族终于能与弗摩人对抗，并凭此一战取得了永久的胜利。尽管达努的傀儡首领布雷斯的儿子鲁阿丹企图杀害铁匠之神戈伊布尼乌，但达努部落还是打了一场漂亮的战斗。然而，巴罗尔的邪恶之眼杀害了达努部落的许多人（包括他们重新上任的国王努阿达），两族之间的战斗陷入了严重的困境。

对页图 命运之石矗立在米斯郡（Meath）的塔拉（Tara）山顶上。附近地区从新石器时代起就有人居住，并在铁器时代筑起了防御工事。传统上认为这里是历代爱尔兰高王（High Kings of Ireland）的驻地。

在这些战事中，包括莫瑞甘在内的达格达亲友的援助帮了大忙，并且鲁格的加入使达努部落的胜利有了保障。最初，为了保护鲁格，他被挡在了战场之外，不能参与战斗。但他还是在战斗过程中及时赶到，用一块石头打掉了巴罗尔的邪恶之眼。此时，达格达在巴罗尔妻子的毒打下已然伤痕累累，甚至有些说法称他死在了战场上。但尽管如此，他还是在鲁格之后成为首领，并统治爱尔兰多年。

巴罗尔死后，弗摩人更是举步维艰。一些人偷了达格达的竖琴并从战斗中逃脱。达格达一边在他们后面追，一边召回竖琴。竖琴在飞行过程中撞倒了几个弗摩战士，随后达格达用竖琴的魔力让他的几个同伴得以从弗摩人处逃脱。首先，他弹

对页图 亚瑟王传说中的女巫摩根勒菲（Morgana le Fay）来源于凯尔特神话中的多相女神莫瑞甘。在不同情况下，莫瑞甘既可以是恶毒的敌人，也可以是强大的朋友。

奏了“三大和弦”中的第一部，让敌人纷纷感到悲伤。紧接着，他弹出了第二部，让人们在欢笑中忘记战争。最后，达格达演奏了催眠之曲，顺利使他和他的同伴们逃脱了敌人的掌控。

在打败弗摩人后，达格达的统治带来了一个相对和平且繁荣的时期。这可能在一定程度上归功于他的智慧，达格达让布雷斯活了下来，借此利用他的农业知识。在达格达死后大约50年，梅利西人来到爱尔兰，将达努一族驱赶至一个神奇的藏身之处，梅利西人就此开启了爱尔兰历史的新时代。

英雄故事

达努一族的故事是凯尔特神话的第一部分，也就是《入侵纪》或爱尔兰神话的内容。而后来的故事则一般归属于阿莱德传说①（Ulaid Cycle）和芬尼亚传奇②（Fenian Cycle）。这样的划分是后来的作家和学者完成的。还有人对故事的分类持不同意见，而且也有许多故事看起来并不属于任何一个类别。

在“神话”时代之后，凯尔特人最崇敬的英雄是著名的赤枝骑士团（Red Branch）的成员库·丘林（Cú Chullain）。阿莱德传说主要讲述的便是这些战士的冒险，特别是库·丘林的故事。

像许多英雄一样，库·丘林也有一个神秘的出身。德鲁伊凯斯巴（Cathbad）的女儿曾与随从一起失踪了。在寻找女儿的过程中，他的队伍遭遇了风暴。也正是因为这场风暴，凯斯巴偶然发现了女儿的下落。他的女儿和达努族一个人称长手鲁格的人在一起。两人育有一个孩子。这个孩子原本名为瑟坦达（Sétanta）。但不久之后，他便获得了库·丘林的称号。

瑟坦达一直在打爱尔兰曲棍球。在他的曲棍球生涯结束后，他前往铁匠大师库兰（Culann）家中，请求加入凯斯巴麾下。库兰有一条可怕的看门狗，狗攻击了瑟坦达。出于自

---

① 亦称阿尔斯特传说或赤枝骑士团故事。

② 亦称莪相故事。

卫，男孩最终用他的曲棍球杆将狗打死。库兰对狗的死亡感到十分沮丧，于是瑟坦达主动提出替他看家一年，并同时重新训练一条看门狗。因此，他得到了库·丘林之名，即“库兰的猎犬”。

库·丘林的英雄生涯始于他对一个女孩的追求。他喜欢的姑娘埃梅尔（Emer）是一位酋长的女儿，而埃梅尔曾宣称自己只想嫁给英雄。于是，库·丘林便动身前往天空岛（Isle of Skye）去接受试炼。为了获得试炼资格，他必须先完成一系列艰险的考验，其中便有“飞跃之桥”（Bridge of Leap）。战士需要从一个移动的平台起跳，跨越峡谷。库·丘林经过四次尝试终于取得了成功，获得了参加试炼的资格。

之后库·丘林获得了盖伯尔加之矛（Gae Bolg），学会了用脚趾投掷千棘刺之枪的技巧。但在他完成试炼之前，女战士奥伊芙[①]（Aoife）向他的导师发出了挑战。于是，库·丘林便前往助阵，向奥伊芙提出了单挑。起初，他不敌奥伊芙。但他谎称奥伊芙的战马受伤，分散了她的注意力，才因此在后来占据了上风。库·丘林同意不杀奥伊芙，只要她愿意结束这场争斗。此后，库·丘林和奥伊芙成为恋人，并生下一个儿子，取名康拉（Connla）。

结束试炼后，库·丘林回到了爱尔兰。但他的狂暴既让他成为一个了不起的战士，又成为他的朋友们的负担。每当他从战场上回来时，总是怒气冲冲的，好像遇见谁就会杀了谁。于是，首领命几个女人赤身裸体地去迎接他，这让库·丘林有些尴尬。正当此时，他被人拿下，并反复被浸入一大锅水里。随即，水沸腾了，大锅爆裂了，库·丘林也慢慢冷静了下来。

① 此处原文为 Aife，疑似原作者笔误。——译者注

库·丘林的狂怒非常可怕。这会使他的肌肉与筋骨在皮肤之下不停扭曲，最后变得十分怪异。他的肺和肝会跑到他的喉咙里，而他的脚和膝盖会向后旋转。在战斗中，血液会从他的额头喷出，而战场也总是笼罩在血形成的黑雾中。在这种被人们称作“扭拧”（Torque）的形态下，他是势不可当的。相传只有一个人在库·丘林的狂暴之中存活下来，但这也只是因为库·丘林选择不杀他，在战场上，库·丘林将这个战士抱起来，摇晃他，直到他崩溃。他没有将其杀死，而选择让这个战士一生活在痛苦中。

库·丘林最著名的功绩就是在他库利（Cooley）神牛争夺事件中的表现。这一事件起始于康诺特王国（Connacht）的梅芙女王（Queen Medb）和她的丈夫艾利尔（Ailill）的财富之争。事实上，两人同样富有，这在凯尔特人的婚姻中也是令人艳羡的。只是，梅芙拥有一头名为芬比纳赫（Finnbennach）的极其健壮的白角公牛。然而，芬比纳赫却选择忠心于艾利尔，成为他的所有物，这使梅芙在财富上落入了劣势。于是，她派使者去借那头具有同样神力的棕色公牛库利。

与拥有棕色公牛的阿尔斯特人（Ulstermen）的协商十分不顺利。于是，梅芙决定用武力夺取公牛。她派遣了一支军队前往阿尔斯特。而阿尔斯特的男人们因为一场愚蠢的赌约引起的诅咒而变得虚弱无力。当时，有一个叫玛查（Macha）的女人身怀六甲却被迫与国王的战车竞赛，以验证她丈夫的吹嘘之词。她在比赛后生下了孩子，并诅咒阿尔斯特的男人在每次遇到危险时都要经受她所经历的痛苦。

由于阿尔斯特的大部分人都失去了行动能力，库·丘林便开始只身抵挡入侵的军队。他在几天之内就斩杀了数百名敌人，有的是用投石器砸死的，有的是偷袭营地杀死的。随后，康诺特人与库·丘林达成了一个奇怪的协议。据协议规定，库·丘林每天需要与一名康诺特战士进行决斗。若康诺特战士获胜，大军将继续行军；而如果库·丘林获胜，他们则在当天休战扎营。

库·丘林以这种方式拖住了康诺特大军的步伐。在这段时间里，莫瑞甘接近了库·丘林。一如既往，她以保障部落繁荣与战争顺利的能力作为筹码提出献身于库·丘林。如果他接受了，莫瑞甘便会帮助他取得战争的胜利。库·丘林拒绝了她的好意，但此举给他自己招惹了麻烦。在库·丘林与一个名叫洛赫（Loch）的战士战斗时，莫瑞甘分散了库·丘林的注意力，使他受了伤。虽然库·丘林仍然用他的盖伯尔加之矛赢得了这场战斗，但由于伤势严重，库·丘林无法继续再战斗。他休整了三天才痊愈。在此期间，他的父亲长手鲁格代替他继续决斗。

在库·丘林的决斗对手中，有一个名为费尔·迪亚德·麦克达曼 (Fer Diad Mac Damann) 的人抵制住了各种诱惑，坚持

对页图 库·丘林为自己赢来了名号，意为“库兰的猎犬”。他因为误杀了铁匠大师库兰的看门狗，便训练了一条新的看门狗来替代，而在此期间，一直由他自己守卫库兰的家。

左图 库·丘林的战车御者在许多故事中都以他朋友和助手的身份出现过。库·丘林的战车有时用来推动情节，能够把他从一个场景带到另一个场景；有时在库·丘林陷入困境时，它也会及时赶来救援。

费尔·迪亚德是在受到被吟游诗人嘲讽的威胁下才同意与库·丘林决斗的。如果他不参加决斗，他将声誉扫地。最终，库·丘林在无奈之下杀了他。

不肯与库·丘林作战。因为他是库·丘林幼时的朋友，也是与他血脉相连的兄弟。但由于当地吟游诗人都威胁说要嘲讽他，他别无选择，只得出战。两位英雄的战斗持续了几天。头两天在每场战斗结束时，他们都一起扎营，睡在同一条毯子上。然而，第三天结束时，他们再没有一起扎营。第四天，库·丘林不得不用盖伯尔加之矛刺杀了他的朋友，而自己也再次受了重伤。

他在几天之内就斩杀了数百名敌人，有的是用投石器砸死的，有的是偷袭营地杀死的。

等库·丘林能够重新出战时，棕色公牛已经被抓获，康诺特的军队正在打道回府的路上。由于阿尔斯特的男人们仍然十分虚弱，一群像库·丘林一样未受诅咒的男孩便组成了一支军队，与康诺特人对抗。然而，他们悉数遭到了敌军的屠杀。这让库·丘林愤怒不已。一气之下，他竟杀死了 70 名敌人。然而，他仍然无法阻止这场掠夺。

阿尔斯特的勇士们终于从诅咒中恢复过来，对康诺特的军队发起了追击。不久，库·丘林便打败了梅芙女王，但他却饶了女王一命。与此同时，两头雄壮的神牛争斗起来。最终，康诺特的白角公牛被杀死，棕色公牛库利则活了很久，并得以在死前回到故土。

像许多英雄传奇故事一样，库·丘林的故事也充满了悲剧色彩。他与奥伊芙的恋情为他带来了一个名叫康拉的儿子，但这个孩子受到了魔法禁令（Geis）的制约，他不能透露自己的名字，也不能拒绝战斗。库·丘林在临行前给了奥伊芙一枚戒指，并让她在这孩子可以戴上戒指的时候将他送回爱尔兰。时光飞逝，这个孩子也如约来到爱尔兰。

虽然康拉只有 7 岁，但不知为何，库·丘林总将他视为一种威胁，并怀疑他的身份。康拉无法回答，也无法拒绝与库·丘林战斗。最终，库·丘林用盖伯尔加之矛杀死了他的亲生儿子。同样，库·丘林也无法逃脱魔法禁令的限制。他不能吃狗肉，也不能拒绝他人的盛情。于是，他的敌人能够利用这个弱点设法陷害他，让他吃下狗肉，从而使他失败。

库·丘林此次败北是他在战斗和冒险中杀死的那些人的家属与梅芙女王联手设计的。有一些说法称，由于受到讽刺

右图　梅芙女王不仅以虚假的理由煽动了库利神牛之争，还谋杀了自己的姐姐。几年后，她姐姐的儿子复仇，用投掷器发射一块干奶酪杀死了她。

诗人的嘲弄与挑衅，库·丘林向敌人投掷长矛。然而每次他的长矛都没有命中，反而被投掷回来。在其他版本的故事中，敌人制造了许多魔法长矛用以对付库·丘林的左膀右臂，他们投掷的第一支矛便杀死了库·丘林的战车驭手，他是同辈的战车驭手中最优秀的一个。紧接着，敌人的第二支矛杀死了库·丘林的马，同样，它也是最精良的马匹。在左膀右臂倒下后，敌人的魔法长矛击中了库·丘林，使他受了致命伤。

无论是因为被盖伯尔加之矛的30根尖刺所伤，还是被别人制造的长矛所伤，库·丘林都命不久矣。他的腹部被长矛戳穿，他便用自己的肠子把自己绑在一块石头上，这样就可以像一个战士一样站着死去。尽管莫瑞甘怨恨他，但她在库·丘林生命的最后时刻来到了他身边，以乌鸦的形态栖息在他的肩上，让库·丘林的敌人以为他还活着，直到乌鸦从他的尸体上飞走，敌人们才敢靠近。

芬恩·麦克库尔

“芬尼亚传奇”中的最为伟大的英雄便是芬恩·麦克库尔（Fionn Mac Cumhaill）。“芬尼亚传奇”所描绘的是爱尔兰神话史上一个较为和平安稳的时代。这也只是相对而言的，毕竟芬恩·麦克库尔的父亲就在一场权力斗争中被杀，而当时还是婴儿的芬恩也只是侥幸逃脱。

芬恩·麦克库尔是银手努阿达的后裔，与达努神族的其他成员也有联系。他的猎狗由一个被变成猎狗的达努妇女所生。这位母亲后来恢复了人形，但孩子们没有。尽管仍是猎狗的形态，但它们非常聪慧。

芬恩·麦克库尔的出身已经注定了他会有非凡的成就。通过一系列英雄的试炼后，芬恩·麦克库尔成为部族首领。在这一过程中，他获得了一面魔法旗帜、一把神剑以及一个装有字母的袋子。这个袋子的意义重大，因为它将芬恩·麦克库尔与吟游诗人和字符的出现联系了起来。传说，麦克库尔帮助吟游诗人芬恩·埃塞斯（Finn Eces）捕捉和烹调“智慧鲑鱼”（Salmon of Wisdom）并意外食用了一些。从此，麦克库尔也获得了智慧。

麦克库尔后来遇到了芬尼亚（Fianna）军团中幸存的战士，这个军团曾经由他父亲统领。芬尼亚原本在这里是对一个士兵团体的称呼，但后来专门指芬恩·麦克库尔麾下的骑士团。艾伦（Aillén）是达努神族的一员，在每个萨温节给爱尔兰高王的驻地塔拉带来恐慌。在击败敌人艾伦之后，麦克库尔赢得了领导芬尼亚军团的权利。

艾伦先是用神乐使麦克库尔方的守军陷入了沉睡。然后，他又吐出炽焰，让塔拉变成一片火海。麦克库尔知道只有抵御住神乐的影响，才能阻止这一切。于是，他吸入了自己长矛上的毒药来保持清醒，趁机杀死了艾伦。就这样，他成为芬尼亚军团的领袖。

芬恩·麦克库尔的冒险总是以充满浪漫传奇色彩的决定开始的。他与法兰西王后的婚外情曾引发了一场法兰西对爱尔兰的入侵。在文特里湾战役（Battle of Ventry Bay）之后，爱尔兰才勉强阻止了敌人的侵犯。入侵部队登陆时，麦克库尔召集了爱尔兰所有的战士进行抵抗，战斗持续了一年零一天。阿尔斯特国王的儿子被这场冲突逼疯了。在他们几乎要战败的时候，达努神族的勇士向他们伸出了援助之手，最终帮他们赶走了入侵者。

芬恩·麦克库尔有时十分记仇，而且随着年龄的增长，他便越发如此。麦克库尔在妻子麦格涅斯（Maigneis）去世后，开始寻找新的伴侣。他将爱尔兰高王的女儿格兰妮（Gráinne）带到了他的宫廷。据说，格兰妮是爱尔兰最美丽的女人，似乎还拥有神奇的力量。只是，格兰妮瞧不上年迈的芬恩·麦克库尔，反倒是更喜欢他麾下的一名叫作迪卢木多（Diarmuid）的战士。起初，迪卢木多不肯背叛他的主人，但格兰妮以一个魔法禁令劝服了他。两人从麦克库尔的领地逃了出来。奥格（Oengus Óg）是一位拥有隐身衣的爱神，也是迪卢木多的养父。在他的帮助下，迪卢木多与格兰妮在一段时间内成功躲过了麦克库尔的追捕。

但最终，麦克库尔还是找到了这对恋人。虽然在奥格的调解下，他同意放下怨恨，但他从未原谅过迪卢木多。一次，迪卢木多在狩猎野猪时受了伤，麦克库尔便假意为他取治疗水，但在回来的路上一直把水往地上洒。最终，迪卢木多伤重身亡。这个故事与亚瑟王传说中的悲剧《特里斯坦和伊索尔特》（*Tristan and Iseult*）有许多相似之处。这表明二者或许有共同的起源或直接的衍生关系。

对页图 麦克库尔击败了神仙艾伦，赢得了领导爱尔兰高王的护卫军团芬尼亚的权力。根据一些说法，麦克库尔和他的芬尼亚军团在一个山洞里沉睡，等到爱尔兰面临危机的时刻，他们又会挺身而出。

芬恩·麦克库尔之死

有关芬恩·麦克库尔之死的传奇故事有许多，但这些故事是相互矛盾的。有一些故事说，麦克库尔根本没有死，而是在一个隐蔽的地方沉睡过去，等着有一天东山再起。这也与亚瑟王传说中的一些浪漫传奇类似。然而，在大多数故事中，麦克库尔的结局都相当惨烈。与其他爱尔兰英雄一样，麦克库尔也是因魔法禁令而死。受禁令影响，他无法用牛角水壶喝水，但是就在过博因河（River Boyne）之前，他轻率地违反了禁令。于是，过河时，芬恩·麦克库尔摔倒并撞到了头，最终重伤身亡。

也有其他版本的故事称麦克库尔的死是人为的而不是石头造成的。相传，随着芬恩·麦克库尔和芬尼亚军团力量的

下图 珀博·芬恩（Poball Fhinn）是苏格兰外赫布里底群岛（Outer Hebrides）中的北尤伊斯特岛（Isle of North Uist）上的几个巨石阵之一。以芬恩·麦克库尔之名命名的这些石头是在大约3000年至4000年前竖立起来的。

对页图 奥伊辛是芬恩·麦克库尔的儿子，也是芬尼亚军团的成员。他还是爱尔兰最伟大的吟游诗人，有着多次冒险的经历，包括画中这次前往“特拉诺格”[①]的旅行。

增长，许多人密谋反对他们，其中就有想要成为爱尔兰高王的凯布雷（Caibrc）。此时麦克库尔表现出判断力差和不顾及他人感受的特点，他以不干涉凯布雷的计划为诱饵向凯布雷索取大笔贡品，或者谋求与凯布雷女儿睡觉的权利。

芬尼亚军团出了许多英雄。对这样一个杰出的组织而言，这并不出奇。他们是为保护爱尔兰高王而组建的一支精英战队，其正式名称是芬尼亚·艾林（Fianna Éirann）。芬尼亚军团既有政治地位，也是一支军事力量。统领军团的人往往十分重要，具有广泛的影响力，甚至有时会被人称作国王。由于他的统帅能够拥有巨大的政治权力，所以这个职位常常被人觊觎。然而，传统上，只有贝斯金族（Clan Baiscne）和摩纳族（Morna）的成员才能竞选军团统领。

自然而然地，部族与部族之间出现了摩擦，有时甚至争斗起来。比如，芬恩·麦克库尔的父亲就是在一场争端中丧命的。芬尼亚军团内部也出现了分裂。这主要是因为一些成员过去的恩怨。军团的前领导人艾德（Aed）在与老库尔的一场搏斗中失去了一只眼睛。此后，他将自己的名字改为高尔（Goll），意为独眼。他领导着芬尼亚军团并享有它带来的一切

① 即“冥界中的永生之地”。

权力，直到老库尔的儿子芬恩·麦克库尔向他发起挑战，争夺领导权。等麦克库尔掌权之后，高尔一直不满自己只是副手，决心与凯布雷站在一边，与芬尼亚军团为敌。

凯布雷认为芬尼亚军团太过强大——也许是无法容忍芬恩·麦克库尔的自以为是——于是，他与其他爱尔兰领袖联合起来与之对抗。他们一起向芬尼亚军团宣战，让军团不得不在势单力薄的境况下于加布拉（Gabhra）打了一仗。麦克库尔的孙子奥斯卡（Oscar）是芬尼亚军团最伟大的战士之一，在这次交战中他杀死了凯布雷，但他自己也受了致命伤。

芬尼亚军团最终战败，但双方都付出了沉重的代价。在不同版本的故事中，芬恩·麦克库尔要么在阿斯布雷亚（Ath Brea）被杀，要么在加布拉遭到了伏击。无论是哪一种说法，芬尼亚军团的故事都以惨败告终，而芬恩·麦克库尔也被杀害。

只有极少数的战士在此次战斗中幸存了下来。而其中最著名的是奥伊辛（Oisín）和卡尔特（Caílte）。据一些故事中的描述，二人去了特拉诺格（Tir na nÓg），即青春永驻之地，并在那里待了一段时间。等他们回到爱尔兰的时候，已经过去300年了。在那里，他们遇到了圣帕特里克（Saint Patrick）。圣帕特里克将芬恩·麦克库尔和芬尼亚军团的事迹记录了下来。这样一来，爱尔兰的异教神话便成为基督教历史的一部分。

魔法故事

凯尔特故事与传说往往有许多版本，一个故事的内容可能因时而异。尽管并没有什么直接联系，但一个皮克特英雄的故事有可能最终会演变成为特里斯坦（Sir Tristan）骑士的悲剧，并以某种方式成为亚瑟王传说的一部分。事实上，亚瑟王传说中的很大一部分是由不列颠群岛和欧洲大陆的凯尔特传说演变而来的。

亚瑟王传说有许多个版本。在一些版本中，亚瑟死了；而在另一些版本中，他去了神奇之地阿瓦隆（Avalon），等待时机回归。由于后来的重述与其他文化的融入，这些原本就相互矛盾的故事变得更加混乱。一方面，亚瑟王的传说的确不属于古代凯尔

对页图 亚瑟王传说中的特里斯坦和伊索尔特的悲剧可能来源于一个更早的故事。在这个故事中，芬恩·麦克库尔因迪卢木多将自己心仪的爱尔兰公主格兰妮拐走而杀了他。

特人的神话；但另一方面，就像后来的民族融合了许多凯尔特人的观念一样，亚瑟王的传说也的确深受其影响。

不列颠的亚瑟王传说是以威尔士的《马比诺吉昂故事集》（*Mabinogion*）为基础诞生的。该故事集包含许多威尔士英雄的冒险故事，而亚瑟只是其中的一个英雄人物。吟游诗人塔利埃辛（Taliesin）的故事最初不是《马比诺吉昂故事集》的一部分，而是来源于其他文化，与其他文化的故事有许多相似之处。塔利埃辛是女巫凯丽德温（Ceridwen）在吞下戈汶·贝奇（Gwyon Bach）后孕育的儿子。

戈汶·贝奇因意外饮用了凯丽德温的魔法酒而获得了丰富的知识，但也因此搞砸了魔法酒的酿制。他试图利用刚获得的知识逃离凯丽德温的追杀。戈汶不断变身伪装，却还是失败了。凯丽德温也变换了形态，当戈汶躲在一堆稻谷中时，凯丽德温化身为母鸡吃掉了他。但即使是以谷物的形态被吞掉，戈汶身体里的力量也是相当强大的，甚至使凯丽德温怀了孕。原本凯丽德温准备等孩子一出生就杀死他，但这个新生儿太过美丽，凯丽德温改变了主意，“仁慈地”把他绑在一个袋子里，扔进了大海。

婴儿在海上漂浮了九天后，威尔士国王的侄子艾尔芬（Elffin）在外出捕鱼时发现了他，将其捞起。没有鱼咬钩，反而捞到一个刚出生九天的孩子，艾尔芬原本很是失望。然而，在孩子给他吟唱了一首安抚诗并讲出了他的冒险经历后，他转而感到无比惊喜。孩子告诉艾尔芬自己是戈汶·贝奇的转世，艾尔芬最终给他取名为塔利埃辛，并收他为养子。

塔利埃辛给艾尔芬的家族带来了好运，还在养父因醉酒吹嘘而陷入困境时为他解了围。当时，艾尔芬激怒了他的叔叔威尔士国王梅尔贡·圭内德（Maelgwn Gwynedd），被关进了监狱。塔利埃辛设法证明了养父所言不假，成功将艾尔芬救下。首先，他用智慧的论辩证明了艾尔芬的妻子比王后更漂亮、更贤惠，艾尔芬的马也比国王的马跑得更快。此外，他还下了一个咒语，使国王的一众吟游诗人哑口无言。尽管带头的诗人清楚地知道是谁施法所为，但仍束手无策。

此后，塔利埃辛宣布自己是西部所有吟游诗人的头领。他说自己可以控制天气，是创世之初的吟游诗人转世，并用魔法和详尽的故事证明了这一切，而梅尔贡·圭内德只能相信他的话，也不得不认可艾尔芬的吹嘘，最终释放了他。

塔利埃辛的身份暧昧不明，既可能是一个拥有超自然力量和智慧的人，也可能是一个半神。在威尔士的凯尔特神话中，许多人物是与异世界的力量打交道的凡人。国王皮威尔（Pwyll）冒犯了安温国（Annwvyn）的国王阿隆（Arawn），其中安温国就是一个异世界，相当于爱尔兰的希德。皮威尔为了弥补自己的过失，与阿隆交换了一年的位置。

阿隆想让皮威尔去对抗安温国的另一位领袖哈夫根（Havgan）。皮威尔在异世界当国王的这一年时间里确实成功重伤了哈夫根，但他保住了哈夫根的性命。这一年里，皮威尔一直与阿隆的妻子同床共枕，但他从未碰过这个女人。而阿隆的妻子同异世界的其他人一样，从未察觉到他是个冒牌货。这使皮威尔赢得了阿隆的好感，也促成了二人的友谊。此外，皮威尔也得到了丰厚的报酬，他回到自己的领地后，发现在阿隆的管理下，国家得到了极大的改善。

神明庇佑的国王布兰

其他的威尔士英雄也有非凡的能力。受神明庇佑的国王布兰（Bran）是一个巨人，他有一个美丽的姐姐叫布兰温（Branwen）。一次，布兰在宫廷里接待了爱

尔兰国王马洛维奇（Mallolwch），并同意将布兰温嫁给马洛维奇。然而，这时宫中发生了一件令爱尔兰国王十分不悦的事。布兰只好向他做出补偿，将一些精良的马匹和一口可以起死回生的神奇大锅赠予了马洛维奇。

起初马洛维奇对他的新娘很是满意。但因为一个意外事件，他改变了想法，并认为威尔士国王布兰应该送他一份更大的礼物作为赔偿。于是，马洛维奇将布兰温送到厨房工作，并向外人隐瞒了自己对布兰温的处置。但是，布兰温训练了一只椋鸟向她的弟弟传递信息。得知消息后，布兰愤怒不已并决定向爱尔兰开战。

马洛维奇将布兰温送到厨房工作，并向外人隐瞒了自己对布兰温的处置。

布兰的部下即刻乘船出发，而他自己则淌水前进，因为他的身高足以涉水渡海到爱尔兰。在随后的战役中，布兰的体型也让他极具优势。一次战斗中，马洛维奇毁坏了渡河的桥梁。布兰即刻横亘于利菲河（Liffey）上，取代桥梁，供人通行。于是，马洛维奇意识到他不能简单地撤退，便假意提出和平协议，但暗地里设下陷阱，将布兰引诱到一间满是袋子的房子里，他骗布兰说袋子里装的是面粉，但实际上里面埋伏着 200 人。

然而，布兰同父异母的兄弟埃夫尼森（Evnissyen）捏住袋子，将伏击者悉数击杀。于是，马洛维奇只好装作若无其事的样子履行他提出的和平解决方案。但没过多久，布兰的人便和马洛维奇国王的人打了起来。布兰将魔法锅送给马洛维奇的决定简直愚蠢，爱尔兰的战士因为这口锅能够不断复活，被击杀的 200 个伏兵也回到了战场，复活速度比布兰的人杀死他们的速度还要快。然而，当身为最初事件主人公和和平协议破坏者的埃夫尼森被活生生地扔入魔法锅时，战局发生了变化。因为只有死人才能被放入其中，锅的魔力被解除了，变成了碎片。埃夫尼森虽然死了，但爱尔兰无尽的援军供应也被切断了，布兰或许就这样赢得了战斗的胜利。

对页图 受神明保佑的国王布兰带领一支命运多舛的远征军前往爱尔兰拯救他的姐姐布兰温。只有七个人在后来的战斗与叛乱中坚守下来。由于布兰的遗体过于庞大，士兵们无法将他带回。于是，他们就把布兰的头颅砍下带了回来。

所有的爱尔兰战士都阵亡了，而威尔士方也只有七个人幸存下来，其中便有吟游诗人塔利埃辛。布兰自己被沾有毒液的长矛刺死了，而后不久布兰温也心碎而死。而且由于布

对页图 普里德利的母亲莉安农在骑马经过时引起了她第一任丈夫皮威尔的注意。虽然她的马看起来走得很慢，但无论是步行还是骑马，人们都追不上她，直到皮威尔机智地想到先叫她停下。

兰的遗体过于庞大，士兵们无法将他带回。于是，为了遵从他的遗愿，幸存下来的士兵就把布兰的头颅砍下带回了威尔士。归途中，筋疲力尽的士兵决定在格拉斯霍姆岛（Gwales）的一个神殿里修养。就这样，80 年过去了，他们也渐渐忘记了悲伤。直到大殿的门被打开，他们才想起发生了什么。随后，七人离开了神殿，最终将布兰的头颅葬在了伦敦。

马纳威丹（Manawyddan）是布兰的弟弟，也是远征的幸存者之一。远征之后，他成了无家可归之人，因为他的堂兄趁布兰不在篡夺了王位。皮威尔的儿子普里德利（Pryderi）赐予了马纳威丹新的土地。普里德利的母亲莉安农（Rhiannon）在皮威尔死后也一直没有婚配，于是马纳威丹便与莉安农结婚了，之后二人便开始与普里德利及其妻子吉格瓦（Kigva）一起生活。

好景不长，普里德利所在的戴维德王国（Dyved）的所有国民都神秘地消失了，只剩下普里德利家的四个成员。由于王国空无一人，他们被迫搬到其他地方，打算做生意谋生。但由于普里德利和马纳威丹过于优秀，他们无论试图在哪里定居，都会被因技不如人而气急败坏的工匠们赶走。

四人最终返回了戴维德王国，但王国的国民还是不见踪影，普里德利和莉安农也相继失踪。马纳威丹和吉格瓦回到了英格兰，开始尝试以耕种维持生计，但他们的庄稼被老鼠吃掉了。马纳威丹抓住了其中一只老鼠，并决定将其吊死，虽然不断有人试图劝阻他，但马纳威丹很坚持，直到一位来访的大主教问他要怎么样才肯放过老鼠。马纳威丹告诉主教，除非主教有办法寻回莉安农、普里德利以及戴维德王国的失踪人口，否则他定要以偷盗之名惩处老鼠。

利维德的复仇

这位大主教是利维德（Llywd），他的朋友格沃尔（Gwawl）曾与皮威尔结怨。因此，主教决定向他的儿子普里德利复仇。利维德把自己的追随者全部都变成了老鼠，并指使他们去糟蹋马纳威丹的庄稼，而被马纳威丹抓住的老鼠正是利维德的

GORDON WAIN 1984
RHIANNON
DAUGHTER OF
HEFEYDD

妻子。马纳威丹同意只要利维德终止对戴维德王国的诅咒并发誓不再继续挑事，他就将他妻子化作的老鼠放回到利维德身边。利维德只好照他的意思去办。终于，马纳威丹一家又在戴维德王国重聚，而且王国的国民也回来了。

普里德利在与马斯威（Mathonwy）的儿子，同时也是格温内思郡（Gwynedd）的领主马斯（Math）的战斗中遭遇了灭顶之灾。由于一些原因，马斯喜欢把他的脚放在一个少女的腿上。这个少女名叫格温（Goewin），是马斯的侄子吉尔瓦斯维（Gilvaethwy）的心上人。为了支走叔叔，吉尔瓦斯维和他的兄弟格维迪恩（Gwydyon）设法挑起事端，与普里德利的王国开战。

兄弟俩用诡计从普里德利那里得到了异世界国王阿隆送给皮威尔的一些猪。当普里德利发现兄弟俩拿来交换的东西根本就不存在时，对二人展开了追捕，这两人便向叔叔谎称戴维德王国准备向格温内思郡发兵。于是，马斯率领他的军队出征，在战场上击败了普里德利。随后，普里德利向马斯提出挑战，却最终在单挑中被杀。

当马斯率领他的部队去阻击普里德利的大军时，吉尔瓦斯维趁机玷污了格温。为了惩罚这对兄弟，马斯把他们变成了一雌一雄两只动物——先是鹿，接着是野猪，最后是狼。每次兄弟俩都被迫以动物的形态进行交配，并繁育了后代。而且，每一次马斯都会把他们的后代变回人类。同时，马斯迎娶了格温，但从此他再也不把脚放在她的腿上了。

神奇的孩子

当结束了对格维迪恩的惩罚后，马斯允许他回到宫里，并让他帮自己挑选一个新的少女。格维迪恩则向他举荐了自己的妹妹阿兰罗德（Aranhrod）。但当马斯用魔法检验她的处女之身时，她突然生下了一个男孩。这个男孩被命名为迪伦（Dylan），并被马斯收养。事实上，还有第二个孩子降生。但大家却没有注意到他，知情者只有格维迪恩。他将孩子带走并藏了起来。

这个孩子长得很快，格维迪恩最终还是把他交还给了阿兰罗德。随即，阿兰罗德对孩子下了三个诅咒。首先，阿兰罗德诅咒他永远不会有名字，除非自己亲自给他起名（尽管男孩已经4岁了，但还没有名字）；其次，除非阿兰自己给他盔甲或武器，否则他不能拥有这些东西；最后，阿兰希望他永远不能娶妻。

格维迪恩用魔法令孩子“改头换面”，从而骗过了阿兰罗德。当时，阿兰罗德以为一支舰队正在向海岸靠近。惊慌之下，阿兰罗德给孩子取名叫巧手利尤（Lleu of the Skillful Hand），并给了他武器装备。然而，第三个诅咒却不好破除。于是马斯施法用花朵创造了一个名叫布洛德薇特（Blodeuedd）的美丽女人给这个孩子做妻子，从而破除了最后一个诅咒。

不幸的是，布洛德薇特爱上了坚守者葛洛威（Goronwy the Staunch）。葛洛威是与他们敌对的领主，布洛德薇特却向他透露了唯一一种可以杀死利尤的方法——当利尤一只脚站在山羊身上，而另一只脚站在水中时，用一支经过一年时间打造的长矛来攻击他。尽管满足了这些特殊的要求，葛洛威还是没能杀死利尤。最终，利尤变成一只鹰飞走了。

马斯派格维迪恩去寻找利尤。当格维迪恩找到他的时候，他仍然是鹰的形态，饥肠辘辘而且虚弱无力。于是，格维迪恩立刻将利尤变回了人形，并帮助他恢复体力。随后，利尤率领一支部队与葛洛威和布洛德薇特对抗。尽管后者仓皇而逃，还是被格维迪恩抓住了。最终，格维迪恩把布洛德薇特变成了一只猫头鹰。葛洛威为了活命试图讨价还价，并且与利尤达成了协议。他表示，他将像利尤一样站着不动，而利尤可以向自己投掷长矛，不过前提是他可以将一块石头挡在自己身前。

利尤同意了，并将长矛直接投向岩石。长矛直穿岩石，葛洛威也就此丧命。利尤夺回了自己的土地，后来还继承了马斯国王的位置。他的事迹与爱尔兰的鲁格有着惊人的相似之处。鲁格小时候也曾遭人遗弃，是三个要被杀死的兄弟中的一个。同样，他也是以出众的天赋和用投射物杀人的能力而闻名。与利尤一样，鲁格后来也成为一方之主。

对页图　布洛德薇特因背叛利尤而受到惩罚。她被变成了一只猫头鹰，再也不敢在白天露面，并且会受到其他所有鸟类的憎恨。

为了惩罚这对兄弟，马斯把他们变成了一雌一雄两只动物。

TECHNOLOGY

科技与战争

古代凯尔特人擅长制造精良的工具和武器。在同等品质的铁制品流行起来之前，青铜工具一直是哈尔施塔特地区的主要出口商品。

凯尔特人的金属制品既坚固耐用又精美绝伦，可以当作优质工具供日常使用，也可以作为商品售卖。这也表明，只要凯尔特人愿意，他们有能力从事精细的工作。

对页图 贡讷斯特鲁普大锅是考古学家迄今为止发现的欧洲最大的古代银器。它可以追溯到公元前 1 世纪或公元前 2 世纪。锅上刻有凯尔特人的形象，图中是凯尔特战士和一个带鹿角的人或神。

这似乎与人们对凯尔特人的普遍印象有所偏差。许多人不解，为什么能够将金丝拧成复杂图案的民族要住在如此简陋的住所呢？原因其实很简单，凯尔特人的住宅实际上既不简陋也不肮脏，它们由天然材料造就，坚固耐用，甚至可以应付不列颠群岛多变的天气，而且无须常年维护。此外，这些房屋也十分温暖舒适。总之，它们是很适宜居住的。

在不列颠群岛，最常见的凯尔特式住宅是圆屋，而当时其他地区有时喜用矩形建筑。圆屋（或类似的建筑）是用竖立的杆子支撑屋顶，在杆子之间再填上用荆条和泥灰做成的墙，陡峭倾斜的茅草屋顶防风避雨效果很好。

荆条泥巴墙使用竖立的杆子作为支撑，用更轻便的枝条在竖杆之间进行横向编织做成框架。这种树枝必须具有足够的韧性，可以在支撑物之间穿插而不折断，所以常常选用榛树或柳树作为建筑材料。然后用禾秆、黏土和动物粪便的混合物涂抹覆盖这个框架，形成一道防风雨的墙壁。许多圆屋随后还用石灰粉刷。粉刷，一来是为了好看，白色或米白色的小屋到底是要比棕色的小屋看起来更精致；二来，内墙增白也能加强光的反射，使人在室内视线更清晰。人们通常觉得圆屋是黑暗又闭塞的地方，但事实并非如此。据笔者参观复原的铁器时代住宅时所见，圆屋的通风条件出人意料得好，圆屋中也并不像想象的那样黑暗。

白天，圆屋里光线充足，人可以看清室内环境，也适合大多数工作的开展。而在晚上，人们可以点燃火堆或火把照明。不过房屋是睡觉和生活的地方，而不是工作场所，大多数工作是白天在室外进行的。同其他许多民族一样，在强大的人工照明出现之前，凯尔特人会在黎明时分起床，充分利用自然光。

在不列颠群岛，最常见的凯尔特式住宅是圆屋。

聚集在一起的圆屋自然而然地形成一个小村庄。有的村庄还会修筑防御工事，

右图　如今已经还原出许多不同设计的凯尔特式房屋。它们展示了精湛的建筑技术。虽然这些住宅并不宏伟，但它确实舒适、耐用且安全。

对页图　因为室外更加明亮，所以大多数工作是在圆屋外完成的。室内的中心位置有一个火堆，用于照明和烹饪。圆锥形的屋顶有助于将生火产生的烟雾排出。

有的则没有。这些防御工事一般是就近取材修筑的低矮土墙，外墙前面一般挖一条沟渠，挖走的土壤一般用作了建材。土墙的顶部可能有木制的栅栏。这些栅栏通常由顶部削尖的原木做成，有些是可移动的，方便在和平时期让村民进出。一旦遭遇危险，也可装回原处。

防御工事的建造

山地堡垒则更是大大提高了安全性。顾名思义，这种堡垒建于高地之上，由一圈或多圈土墙和沟渠完全包围。有些地区会用石墙代替土墙或填补空隙。还有一些堡垒则受到陡峭的山坡或复杂的地形保护，防御工事相对简单，只能阻挡选择最容易的进攻路线的敌军。

虽然这些半堡垒式建筑看起来很原始，但它们依然具有良好的防御作用。更重要的是，从投入与回报的角度考虑，这种堡垒的性价比更高。因为人们很难判断在防御上投入时间与金钱是否值当。如果一个部落从未受到攻击，那这些投入无疑是一种浪费。但在那样的时代，有一些冲突是不可避免的。

凯尔特人的山地堡垒并不是为了抵御配备攻城器械的正规军而设计的，但正规军（通常是罗马军队）来袭的话，它仍然具备抵御作用。即便凯尔特人不是有意抵抗这样一支有组织的军队的，在山地堡垒的保护下，他们仍然可以毫发无损，使入侵者对此束手无策。不过凯尔特部落的对手往往是其他凯尔特部落的人，他们只知道最基本的攻城战术，对他们而言，土墙或部分设防的山丘易守难攻，而这才是敌人真正的障碍。

一般的凯尔特部落也无法开展长期的围攻。他们的战士们不是专业人士，都有农场要打理或有生意要做，而且部队也没有稳定的后勤保障。所以部落战争一般是以突袭和小规模战斗为主的短期活动，不是有组织地强占领土或控制人民。在这种

上图 在威尔士亨利城堡（Castell Henleys）重建的第一个圆屋完工于 20 多年前。此后，又复原了另外三个圆屋和一座粮仓。这些都是在铁器时代的建筑基础上重建的，还有一些是在几个遗址上重建的。

情况下，遭受攻击的一方撤退到山地堡垒便是一种可行的战术，可以减少损失。只不过这样一来，入侵者就可以肆意地掠夺了。

一个堡垒里是不可能住下一整个部落的。而且，有些堡垒根本就不是当地民众的久居之地。这些堡垒只是部落遭遇危险时的避难所。战士在这里集结，然后从这里向敌人发起进攻或抵御入侵。冲突时期，堡垒是百姓的避难所，也可以在情势不妙时让战士们撤退至此。

冲突在凯尔特人的世界里很常见，但在大多数情况下，冲突的形式不外乎部落间的袭击和争吵，而不是征服、降服或灭族。这种连续不断的小型争斗，加上偶尔的大规模冲突，使凯尔特民族拥有了一群强大的战士。在一对一单挑上，他们与罗马军团或任何其他规范部队一样优秀，甚至更胜一筹。然而，这些冲突使凯尔特人善于搏斗，但不擅长战争。

左图 一直以来，凯尔特人的家园都是设有防御设施的，围墙保护着住宅以及各种附属建筑，如牛棚和粮仓。许多凯尔特农庄里都住着一个大家庭，甚至一些与之没有亲缘关系的工人及其亲眷也居住在此。

凯尔特式战争

即便是一群无组织的——却热血满腔的——业余战士，也可以展开突袭，掠夺财物，争取荣耀，为了或真或假的罪行惩罚部落死敌。他们也会与实力相当的敌人开战，试图让对手臣服。然而，凯尔特人在这样的小打小闹中是成不了大气候的。

这些限制产生的原因有二。其一，凯尔特人无法长期保持团结。一个有魅力的领袖或非常严重的紧急事态可能会使几个部落联手一阵子。但即使如此，所谓的盟友之间也会出现分歧，甚至可能发生冲突。在联盟时期，各个部落对指挥和控制权的争夺是一场噩梦。骄傲的部落首领们才不愿意屈从于任何人，所以在最需要彼此团结的时候，他们还常常会为谁先谁后而争吵不休。

下图 罗马学者将凯尔特人设防的定居点，特别是那些作为行政中心的地方称为欧匹达（Oppida）。位于西塔尼亚普利多路斯（Citania de Briteiros）的欧匹达姆[①]（Oppidum）最初是一个凯尔特伊比利亚人的据点。尽管在罗马人征服伊比利亚后，这里就被废弃了，但还是能看出一些罗马人留下的痕迹。

对页图 阿莱西亚战役是高卢人阻止罗马侵占的最后一搏。虽然高卢部队十分庞大，但他们没办法实现有效的组织或协调。这便给了罗马军队时间，使他们能够有序地向每个战况紧急的地区调动援军。

其二，凯尔特人缺乏规范统一的军事体系。传递信息和命令往往没有一个统一而明确的系统。因此，部落首领们从侦察兵那里最多只能得到零散的信息。他们不知道自己与盟友的方位，也不了解他们的意图，甚至不清楚他们是否愿意战斗。命令也可能无法准确送达，且即便传达到位了，对方也不一定会服从。事实上，一个首领可能会因为被命令而感到不满，并与所谓的指挥官发生冲突。

如果是凯尔特部落彼此争斗，或是与类似的对手交战，这些弱点并不是一个大问题。并且，凯尔特人的军队体系本质上有助于保持部落之间的平衡。即便会有些部落被削弱或被取代，但被消灭的可能性不大，各部落力量上的平衡也大致保持不变。这种特性可能也是凯尔特文化长期存在的原因之一。持续的小型冲突使部落之间积压的情绪得以释放，所以不会造成过大的动荡。

但是，一旦面对更加有组织的对手，凯尔特军事体系的缺陷便体现得淋漓尽致。据记载，在阿莱西亚战役（Battle of Alesia）中，恺撒携 7 万罗马士兵与凯尔特城内稍占上风的部队对峙。除此之外，他还必须抵御高卢 25 万救援大军的进攻。

① 与欧匹达同义。——译者注

QVANTA STRA
GE VIRVM SVBLI
MIS ALEXIA CESSIT
CÆSAREIS AQVI
LIS. PICTA TABEL
LA NOTAT

这个版本的历史记载很可能有自夸的成分，恺撒传记的作者（正是恺撒本人！）为了宣扬罗马的荣耀，夸大了恺撒面临的挑战。

即使高卢人真的招募到了这样多的战士，他们在战场上也撑不了多久，也没办法有效地指挥他们作战。在凯尔特领袖的手下，这支军队远不是一辆势不可当的压路机，反而是一个庞大却不稳定的群体，很容易在关键时刻分崩离析。

或许，真有 25 万或更多的高卢人拿着武器，准备与罗马人作战，但没有人能将他们的力量集中起来，他们也不能对不断变化的局势迅速做出反应。单是为这么多的战斗人员提供补给就是不可能的，而这也迫使凯尔特部队分出一部分人去打猎补贴军队。部落之间的不信任和不服气进一步分化了高卢大军，使罗马趁机利用了高卢部落间的分歧。政治和战争对罗马人来说差不多是一回事。通过经济或政治手段使一个部落保持中立，或诱使其与盟友决裂，与在战场上击败一支部队并无二致，甚至可能效果更好。

而相比之下，罗马军队组织严密，补给充足，有高效的体系保障士兵的饮食与武装供应。最重要的是，他们能够在关键时刻展现出强大的战斗力。如果说可以将罗马军队对其力量的精准运用比作一把外科医生的刀，那么凯尔特人的军队就是一块大海绵。如果高卢的领导者们懂得在适当的时候合作，他们也许能够压制罗马军队。但更有可能的是，高卢军队联盟会在罗马军队就其要害的反复打击之下变得支离破碎。尽管罗马军队在人数上远不及高卢，但他们的反应能力比高卢军队更快。

也就是说，高卢人有时不得不以寡敌众，因为他们的盟友离得太远，不能甚至不愿意加入战斗。

对于古代凯尔特人来说，上战场在很大程度上是个人的选择。部落基本没有职业战士，即使有，也没有什么称得上经过正规训练的士兵。酋长会带领一支由最出色的战士组成的战队。随着经验的积累，他们在作战上会逐渐变得娴熟，但这些人的主要工作仍不是打仗。在冲突时期，他们可能会十分忙碌。有时，部落的大多数人会武装起来，给人留下一种职业战士的印象。但凯尔特战士去打仗是因为部落需要他们，他们的朋友和邻居希望他们去打仗，他们的同龄人也都愿意去打仗，甚至，有些人上战场就是因为喜欢。

对页图 罗马人在阿莱西亚修筑的防御工事非常完备。沟渠上有栅栏，其间还建有塔楼。任何前来攻击罗马军队的人都必须艰难地爬上陡峭的斜坡，在交手之前，先经受标枪的洗礼。

凯尔特式领导

同样，领袖的领导能力也事关个人。一个有魅力的首领或有本事的战士能够让其他人追随，但这也要看民众的选择和首领所承受的社会压力。毕竟，凯尔特社会并没有正式、系统的制度，没有明确规定领袖的职责和对其失职的惩罚。所以，凯尔特首领往往是带领民众而不是指挥民众，他们会与其他战士并肩作战，并以身作则。

一个有魅力的首领或有本事的战士能够让其他人追随他。

这种领导体系的缺点是，凯尔特人的草根部队普遍比较笨拙。如果没有良好的指挥和对全局的把控，就不可能实现复杂的操作。对于这样的部队来说，打仗只是何时冲锋和向谁冲锋的问题，而一旦进攻开始，他们往往会显得毫无组织，每个人都只是尽力帮助身边的人。

一些凯尔特战士和领袖确实拥有良好的战术意识，他们会向敌军的弱点发起进攻，或改变攻击策略以利用优势。然而，战斗开始后，只能小范围调整战术。因此，虽然布伦努斯在阿里亚之战（Battle of the River Allia）中下令让他的部队集中攻击罗马军队的薄弱之处，但双方部队刚一接触，战士们便将策略忘得一干二净，眼中就只剩下了战斗，直到一方或另一方让步。

凯尔特人擅长近距离的拼杀，一旦杀入敌群，他们的个人战斗力就会显得非常强大。然而，如果敌人的阵形保持完整，那么凯尔特人的冲锋就会被坚固的盾墙、长矛方阵或齐射而出的罗马标枪所击退，并遭到反击。罗马军队优秀的组织纪律是击败凯尔特人的关键，要是罗马军队与他们进行一对一的拼杀，通常会一败涂地。

下图 凯尔特式领导与领导者个人的作为息息相关。他们的领袖通常会亲自领导手下。如果他树立了一个好榜样，那么他的部队可能会打一场漂亮的仗。但是，如果他战死或受重伤，他的追随者就会士气低落。

虽然凯尔特战士的盔甲与其他防护装备相当简陋，但他们仍然能作为一支重装步兵部队作战。他们的作战主要是依靠直接的冲锋压制敌人，不懂得运用各式武器。携带弓箭只是为了防备不时之需，投掷长矛也是单个士兵根据情况在一般的混战中采取的策略，而不是统一的行动，因为凯尔特人在战场上并不习惯联合作战。

上图 凯尔特人的大盾牌是由木头做成的，通常有布或皮革覆盖其上。战士可以用它防身，部队也可以用将盾牌重叠成墙的方式来创造一个即时防御工事。

如果被迫进入防守状态，凯尔特部队通常会使用盾墙阵抵御外敌。盾墙由重叠的盾牌组成，虽然这样或多或少削弱了凯尔特部队士兵的行动能力，但这种坚韧的阵形于敌方的身心都是一种挑战。盾墙很难击破，任何试图进击的人都必须进入防守方的攻击范围。敌人想要进攻或从盾墙中脱困的话，不得不突破凯尔特人的盾墙。

凯尔特战士冲动的天性决定了盾墙可能会在不经意之间被打破。例如，这种战术可能被遭受重创却未彻底战败的敌人所瓦解，因为有一些凯尔特人会从他们的防御阵形中走出来，想要乘胜追击。盾墙始终只是一种避免失败的方法，要想赢得胜利，凯尔特人必须进攻。然而，组织进攻问题重重。

对于什么时候冲出盾墙攻击摇摆不定的敌人，每个领导人，甚至可能是盾墙内的每个战士，都有自己的想法。如果反击时机不对，凯尔特部队就有可能令敌人不战而胜，甚至一头冲向毁灭。如果有人想进攻，而其他人认为时机不对，战后的争吵更是不可避免的。

战车勇士

尽管战车在其他地方已经不受欢迎，并在很大程度上被骑兵取代，但凯尔特部队仍会在打仗时用上战车。凯尔特人的战车既是一种武器、一种交通工具，也是一种地位的象征。如今发掘的许多墓葬中都有战车作为陪葬品，凯尔特神话中的许多英雄也都因使用战车而闻名。如果部署得当，战车自然也是有用的武器。

凯尔特战车是一种由两匹马牵引的轻型双人车。中央驾驶台不是直接固定在车轴上的，而是用一种悬架连接，可使战斗平台更加稳定。战士站在平台上作战，驾驶者坐在他的前面，全神贯注地驾驶战车。

据资料记载，在一些部落里，战车驭手往往地位很高，也是他们把一个或多个战士送到战场上去战斗。这显然与凯尔特民族的个人英雄主义不一致。但当时有许多部落，所以有这样的特例也是可能的。一般来说，战车驭手处于社会底层，是为地位高的战士或领袖服务的。一个好的战车驭手受人尊重，但通常被视作英雄的伙伴，而不是英雄。

战车部队在开战时，会主动冲向敌人，给敌人带来一种强烈的心理压迫，使他们感到不安。战士们会在他们的战车上投掷长矛，然后控制战车转向，使敌方因接触不到而无从下手、无法反击。这种挑衅会在正式攻击之前持续一段时间。此后，战士们会从战车上跃起，向敌人发起冲锋。他们的战车驭手会撤回到安全区域，并随时准备在战士们遇到危险时冲上去救援。

使用战车可以像骑兵部队一样突袭作战，还可以将步兵部队部署在非常接近敌军的地方。因此，战车在凯尔特人手中是一种卓有成效的武器装备。有资料显示，战士们常常跳上战车的轭来更好地瞄准敌人，同时在战车上蹿上蹿下、躲避攻击。这不仅使凯尔特人的战车部队难以被锁定与击溃，这种非常规的战斗方式也给对手带来了极大的困惑与挫败感。此外，战车在解救受伤或被围困的战士后能够快速撤退，这样不但可以骚扰占据优势的敌军，也能使凯尔特军队免于彻底战败。

虽然很多人（通常是罗马评论家）认为不列颠群岛的凯尔特人使用的战车车轮上附有镰刀状的刀片，但这是不可能的，因为没有与镰刀式战车相关的考古证据。虽然有一些作家提到了镰刀式战车，但绝大多数资料中都不曾提及。事实上，这些罗马作家对镰刀式战车的使用说明也不尽相同。一般来说，凯尔特人用战车来运输士兵，而不是作为弹丸投入敌阵。据凯尔特史料记载，凯尔特人是会利用战车撤退的。但这种镰刀式战车的冲锋是一次性的，士兵不可能利用它实现撤退。

然而，在凯尔特战车的相关记载中，有许多关于钉子和其他突起物的描述。所以，也许至少在某些地区，有人曾使用过这种装置。

对页图 史料中有一些关于凯尔特人使用镰刀式战车的记载，但至今仍没有实物证据能够证明这一点。这种相当粗糙笨拙的交通工具并不适合凯尔特战车部队所采用的高度机动的作战方式。

下图 凯尔特式长矛有一个宽大的头部，两侧打磨得很锋利，持矛者可以伺机划伤对手，也可以刺击敌人。它是凯尔特人主要的远程武器。

长矛作战

同许多类似的民族一样，凯尔特人在战争中也常使用长矛。长矛是一种制作相当简单的武器，只需要一个成型的木棍和少量的金属便可制成。制造长矛并不需要多高纯度的金属或者多么精巧的做工，矛尖不需要像剑的长刃那样多番打磨，有些长矛的制作工艺甚至非常粗糙，但即便如此，其战斗效果也不会受到损害。虽然凯尔特人的金属工艺极佳，但考虑到时间投入与战斗效果之间的平衡，简单的武器仍然是一个不错的选择。而且长矛可以扩大凯尔特战士在战斗中的攻击范围。理想情况下，一个战士可以不伤分毫，轻易将敌人击倒。

同时，长矛比人们想象的更加灵活。它通常与盾牌一起使用，但一个熟练的长矛手可以双手持矛，将棍棒和利刃组合起来使用，握住矛柄上部以方便近距离作战，如有需要，

上图　一些战士会将匕首作为备用武器，随身携带。大多数人都有一把小刀用来应急，但这些小刀在战斗中的效果远不如一把为战斗特制的匕首。

对页图　典型的凯尔特式长剑并不适合刺杀。但如果持剑者足够用力的话，这样的圆形剑尖仍然可以造成严重的伤害。并且凯尔特人的剑术风格主要是大力切割，所以这种剑很适合他们作战。

长柄剑在一定距离内的攻势是非常猛烈的。

再握得远一些来增加攻击距离。虽然矛杆主要的防御优势是能够让敌人保持距离，但坚固的矛杆也挡得住许多打击。

矛头侧面通常是削尖的，持矛的战士可以伺机砍击。这种攻击的威力并不如直接刺击致命，但战士刺空后可以将矛头贴着敌人的皮肉，往回一拉，让敌人皮开肉绽、无法行动。或者，他可以冲着对手的脸或四肢的一侧乱划。这样的割伤可能无法让一个坚定的战士失去斗志，但战士发现自己受伤流血的话，可能会产生退缩的想法，又或是因此被削弱、被分散了注意力，给了对手可乘之机。

长矛的设计往往根据作战目的和个人偏好而有所不同。刺矛（Lancea）通常长约 1.8 米（即 5 英尺 10 英寸），与普通凯尔特男子的身高差不多，投掷矛（Gaesum）则稍短一些。有的战士会携带几支投掷矛，在接近敌人进行近身作战之前将它们投向敌人。一些年纪小的战士还不够成熟，没办法在战斗中使剑。因此，他们常常作为标枪手参与战斗。这样，他们不仅可以瞄准合适的目标，并飞速掷出长矛，击倒敌人，也可以避免与全副武装的对手接触。

有时，凯尔特人也会使用其他远程武器，比如投石索。神话和历史著作中都曾提到，投石索是常见的武器，经常用于堡垒的防御工事。用于投掷的石头往往是收集而来的，而不是用金属制成的。凯尔特人喜欢将溪床中圆润的卵石用于投掷。这可能不仅仅是为了图方便而就地取材，更是因为凯尔特人普遍崇敬水体，所以在河边将石头送给战士可能也有传递幸运的含义。

关于凯尔特人使用弓箭作战的记载不多，但有时，弓箭的确也会出现在他们的战场上。据记载，高卢人被围困在阿莱西亚时就广泛使用了这种武器。一般来说，弓箭只是一种狩猎工具。因此，在阿莱西亚战场上使用弓箭可能也只是凯尔特人的一种权宜之计。考古发现表明，防守方常常使用弓箭，但也有证据证明，弓箭并不是战场上的士兵们常用的武器，凯尔特人也并没有专门的弓箭手部队。因为这与凯尔特人喜好近距离作战的风格及他们的英雄主义理想相悖。

然而，投掷长矛和石块的技艺精湛在他们眼中是配得上英雄名号的。许多故事里的英雄都是以巧妙的投射击败敌人的。投掷长矛以及使用投石索需要战士离敌人相当近，暴露在敌人的还击甚至是制伏范围内。投掷长矛在很大程度上仍然属于近身搏斗，是凯尔特人所推崇的，而射箭对他们来说却是不那么光彩的事情。

使用长矛的战士会携带一把副武器以备不时之需。相对贫困的人准备的副武器常常是一把简单的刀。如果长矛丢了，便可以用这把刀近距离作战。家境更富裕的战士则喜欢用剑。最初的剑普遍较短，跟大点的小刀差不多，一般用于刺杀。随着冶金技术进步，凯尔特社会中出现了一种较长的砍刀，刀身呈叶形，特征鲜明。这种武器需要一定的战斗空间才能发挥作用，而这与凯尔特人的个人主义战斗风格不谋而合。

剑的劈与刺

长柄剑在一定距离内的攻势非常猛烈。一般来说，其攻击范围与长矛差不多，但长矛手全力出击的话就另当别论了。整个剑弧都可以对攻击范围内的对手造成伤害，而长矛的刺击范围则十分有限。因此，人们挥舞手中的剑实际上也是一种防御手段。

剑可以有效攻击对手的四肢和头部。而长矛虽然可以深深地刺入躯干，但要想攻击除躯干外的其他部位并不容易。固然长矛刺入身体更有可能杀死对手，但是一剑砍在对手的手臂或腿上也可以使其失去战斗能力，或露出破绽，然后趁机击杀。所以一般来说，比起猛刺，砍击的胜算更大。

如果盾牌丢失或无法使用，剑也可以用来防守。但凯尔

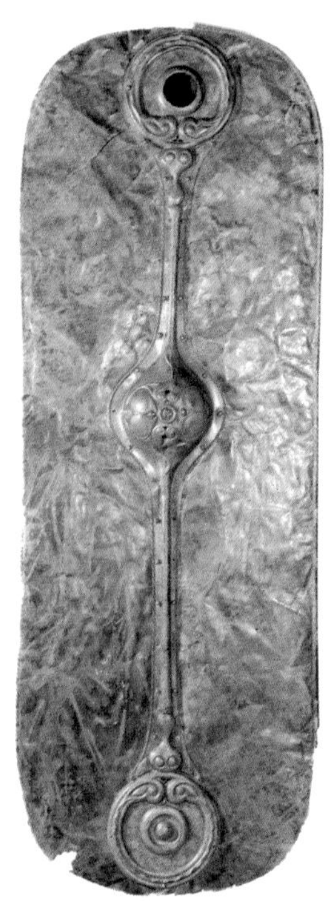

上图　这面青铜盾牌是在林肯郡（Lincolnshire）的威瑟姆河（River Witham）中发现的，其装饰风格是拉腾时期的流行样式。总体设计极具高卢特色，在凯尔特文化覆盖的大部分地区都很常见。

特人不屑与对手僵持，他们的战斗方式往往是主动进攻，而这种进攻也使其对手的战斗模式受到了影响。比如，罗马人的防护装备便是为了防御高卢人惯常采用的跳砍攻击。由于头部和肩部得到了很好的保护，在面对进攻的高卢战士时，罗马士兵可以放心地运用训练所得的技能，将短剑刺入对手的手臂或胸腔。

讽刺的是，著名的罗马剑是由凯尔特伊比利亚人发明的。西班牙剑并不是一把修长的砍杀式武器，其剑身极短，主要用于刺杀，但它也可以实现强有力的切削攻击。罗马的武器更适合由整齐划一的部队使用，而不是适用于哪个未来的英雄。因此，这也是对凯尔特人常用的侵略性剑术的有效反击。

凯尔特人的剑和罗马人的一样，主要是和盾牌一起使用。盾牌的设计各不相同，但椭圆形或长方形是最常见的。考古学家在凯尔特人的墓葬中发现了圆形甚至是六边形的盾牌，其中一些明显用于仪式，不用于战斗。无论是战斗时用的还是举行仪式时用的盾牌通常都具有很强的装饰性，只是战斗用的盾牌很可能在打斗中严重损坏，看起来没那么奢华。

防身之术

凯尔特人的盾牌是由木头做成的，中部凸起，可以保护使用者的手，也提供了一个安装手柄的空间。盾牌通常由金属加固，表面覆盖着皮革或布，以防止木材裂开。当然，猛烈的打击仍然可能击碎盾牌，使其失去作用。但盾牌并不只是一面抵御伤害的屏障。用剑（或矛）和盾牌作战是一门复杂的艺术，除了用武器攻击和用盾牌拦防进攻路径之外，还有很多技巧。

一个经验丰富的战士在用盾牌防身的同时也会把盾牌当作武器来使用。他可以把盾牌推出去挡住敌人的视线，或者把它卡在对手使用武器的手臂上，也就是通常所说的“盾牌束缚”。只要角度合适，盾牌不仅可以抵挡打击，还可以推开攻击者以制造攻击敌方弱点的空隙。此外，盾牌还可以防御弓箭射击以及其他远程攻击。

打破盾牌的防护是战士的一种艺术。当然，战士可以从盾牌上方砍敌人的头，或从下方刺对手的腿，还可以简单地攻击盾牌，尝试打破它。然而，经验丰富的战士还有其他方法，如猛踹敌人盾牌的中下部，使其猛然落地。这样一来，使用者也会失去平衡。因此，战士除了防身，也需要提防对盾牌的攻击。

盾牌并不是凯尔特战士唯一的防身手段。大多数人没有盔甲，所以作战时可能穿的是自己平时穿的衣服，比如长裤、衬衫和斗篷。还有些人可能赤膊作战，甚至一丝不挂就来参战，这些赤身裸体的战士要么是出于宗教原因，想要模仿传说中那些不穿衣服作战的天生神力的英雄，要么就是出于心理原因。

一个裸体作战的人的身上也许有文身，或是整个身体都用菘蓝染成了蓝色，让人望而生畏。也可能有一些凯尔特战士赤身裸体，抛弃一切形式的防护，将自身安全置之度外，试图震慑他们的敌人。当然，还可能是因为他们觉得裸体作战会获得神明庇佑。无论如何，凯尔特人裸体作战是有理可依的，但理由可能因人而异。

那些买得起盔甲的人都会穿盔甲上战场。如果佩戴者非常走运，脖子上的青铜项圈或黄金项圈也可以抵御打击。而且多数情况下，是头盔和皮质短衣增强了防护效果。富有的战士穿戴的金属盔甲，要么是在皮革短衣的基础上增加金属防护，要么主要由金属制造。凯尔特人发明了锁子甲（Chain Mail）。这是一种以软垫或皮革作为衬底，将金属环环环相扣附在其上制成的衣服。它可以分散武器的冲击力，防止锋利的刀剑或侧刃穿透衣服，造

下图 许多凯尔特战士可能赤膊上阵，却穿着鲜艳的裤子。在后来的记载中，他们被描述为裸体上阵，这也许是误传，原本可能是指他们不穿盔甲。

成伤害。锁子甲的制作非常耗时，因此也很昂贵。制作时需要先准备好金属丝，然后将金属丝做成环状，最后再将环状物铆接在一起。整个组装过程十分烦琐。因此，这样的防身装备只有最富裕的战士才能负担得起。它也象征着穿戴者的身份地位。

心理战

古凯尔特人很了解战争中的种种心理。气势汹汹的战车冲锋和（可能存在的）赤身裸体进攻的做法会让敌人感到恐惧，但这并不是凯尔特人唯一使用的心理战术。以吟唱、欢呼、碰撞武器和吹喇叭的形式制造噪音通常也会有不俗的效果。鉴于此，盖乌斯·马略（Gaius Marius）认为有必要让他的罗马军队在冒险作战之前体验与野蛮对手作战时的氛围。在塞梯埃河战役（Battle of Aquae Sextiae）中，他的军团也凭借预先演练积累的经验击败了敌人。

佩戴高耸的头盔，或用羽毛、角及其他装饰来装点头部防护装备，会使战士看起来更高大、更威猛。许多文化中都有这样的理念，但凯尔特人将其发挥到了不同寻常的极致。在一众与凯尔特人有关的考古发现之中，最引人注目的是一个形似乌鸦的头盔。这个设计是为了让佩戴者耳侧的铁片在其运动时像翅膀一样扇动。这不仅可以分散对手的注意力，而且还带有强烈的象征意义。在当时，乌鸦与死亡息息相关，所以乌鸦头盔的佩戴者就好像将死亡带到了战场。

如果战前时间允许，凯尔特人的首领常常会接近敌军阵地，嘲讽他们的对手，或要求单挑。如果拒绝，这会展现出敌人指挥官懦弱恐惧；如果接受，很可能会使敌人丧失关键人员。凯尔特战士也会讲述自己或祖先取得胜利的故事，炫耀自己的历史，或卖弄自己的计划，以提高士气。

古代凯尔特人认为头颅具有非凡的象征意义。在敌人落败时取走他们的头颅是获得权力和威望的一种方式。战士可以将砍下的头颅挂在腰带上，也可以挂在马或战车上。甚至，他们可能会将敌人的头颅放置在家中展示。这样他们便能获得令人闻风丧胆的名声。即便是同族，也不敢轻易招惹他们。

凯尔特人的许多心理战术在战前就已经开始实施。战士们常常被寄予厚望，希望他们能创造英雄事迹，凯尔特军队中自然而然形成了一种英雄主义氛围，因为凯尔

左图 这座高卢战士的雕像可追溯到公元前2世纪。它清楚地刻画了战士身上的锁子甲。这种盔甲的制作非常费时。因此，只有最富有和最有权势的人才能拥有。

对页图 凯尔特人的头盔设计多种多样，有的带有保护耳部和颈部的设计，有的则没有。有些有羽毛或其他装饰，旨在使佩戴者看起来更高大，对敌人更有威慑力。

特人的价值是以他人对自己的看法来衡量的。于是，毫不意外，这些人在战斗中确实很凶猛。在这种文化下，英雄是那些用自己的肠子把自己绑在石头上，骄傲不屈地站着死去的战士，或者能够以一当十取得胜利的勇士。

凯尔特战士上战场常常是被寄予厚望的。同龄人和祖先的事迹、部落的骄傲以及战士中的榜样都会激励他，驱走他对战斗的恐惧。首次参战的凯尔特人都知道，他来自一个骄傲和好战的民族，如果达格达单凭一把竖琴就能够打败多个弗摩战士，那么一个拥有好剑或长矛的凯尔特战士肯定可以征服所有站在他面前的人。这些文化心理上的优势很难量化，但它们肯定有助于提高每一个凯尔特战士的战斗力。

EXPANSION AND

在欧洲的扩张与没落

在冰河时代到来之前，欧洲就有人口定居的迹象。但长达几个世纪的冰封使欧洲大陆的大部分地区不再宜居，并将人口逼向南方温暖的地区。

人类是在大约5万年前来到（或重新踏足）欧洲的。在接下来的4万年里，他们从中东不断向北、向西迁移，使欧洲的人口繁盛起来。

我们很难精确追踪欧洲人口的早期增长和扩散情况。不同的文化群体并不是一下子全出现的。即使在这些不同的群体出现之后，也有大量的文化和种族走向了融合。同时，从原始社会向农业社会的转变使人口迅速扩张，可能也促进了不同群体的出现。当一个部落在一个地区定居时，部落成员将只与附近的居民频繁往来。随着时间的推移，这些人会因为他们的共同特征形成一种文化，这种文化可能与较远距离的其他群体形成的文化有很大的不同。

公元前1000年至公元前900年左右，欧洲出现了独特的文化与种族，只是这也伴随着部落边缘地区的文化融合。凯尔特人或原始凯尔特人开始主宰中欧和西欧，伊比利亚半岛成为巴斯克人（Basque）和伊比利亚人共同的家园。

日耳曼部落占领了斯堪的纳维亚半岛。这些部落的语言是在公元前3000年左右从印欧语系中分化出来的。这表明，日耳曼人从那时起就是一个独立的群体。当时他们还没有居住在今德国地区。日耳曼人的故乡分布在现代斯堪的纳维亚半岛的各个国家（芬兰除外），他们后来才从那里迁移到北欧大陆。因此，日耳曼斯堪的纳维亚人是北欧人或维京人的祖先，并与凯尔特人有一些共同的文化特征。

斯拉夫人（Slavs）和斯基泰人（Scythians）居住在凯尔特部落以东、黑海以北的地区。由斯拉夫人和芬兰人融合而成的种族在波罗的海沿岸地区占主导地位。芬兰人从乌拉尔山脉迁移到这个地区，并一路向北扩展到现在的芬兰。南欧和东南欧也形成了独特的群体。伊特鲁里亚人占领了意大利的大部分地区，而希腊人、色雷斯人和伊利里亚人（Illyrians）则在东南欧定居。

这些群体彼此之间的交往以及与中东其他文明的互动在很大程度上影响着他们的发展。技术、思想和语言通过贸易和冲突实现了流动。希腊人对欧洲文化的发展有着非同一般

对页图　苏格兰的皮克特人留下了许多石雕。从这些石雕来看，他们的文化与凯尔特文化同样先进。然而，由于缺乏书面记载以及后来与其他文化的融合，人们很难将这些雕刻归入某一种文化。

人们常说凯尔特人是未开化的，但这并不准确。

上图　身染靛蓝、手持过时的武器，这种对古代不列颠人颇具想象力的描述是多年来盛行的“高贵的野蛮人”的形象。现代研究表明，这种刻板印象大错特错。

下图　欧甘文（Ogham）的使用可能最早可以追溯到公元1世纪。由直线组成的符号比较容易刻在岩石或其他硬介质上，与斯堪的纳维亚的如尼文（Runes）相似。

的影响。他们如同文化的过滤器，中东的新概念便是经过他们传入了欧洲社会。希腊商人在地中海往来并建立了贸易港口，他们的影响也通过与他们交易的人间接地传播到了希腊人不曾涉足的地方。

人们常说凯尔特人是未开化的，但这并不准确。虽然凯尔特人更愿意让吟游诗人和德鲁伊将重要的事情记下并以口头的形式传播，而不是把这些事写下来。但他们在适合的时候确实也会使用书面语交流。由于希腊语在当时是欧洲各地用于交流与阅读的通用语言，因此当需要发送信件或以其他书面形式传递信息时，希腊语便是不二的选择。一些凯尔特人懂得希腊语（也可能熟悉其他语言），他们自己的语言也就不需要有书面形式了。这可能也是凯尔特人缺乏自己的书面语言的一个原因。

凯尔特伊比利亚人

如前所述，中欧的凯尔特人与东南欧和地中海周围的希腊城市有广泛的接触。在铁器时代之前，一个典型的凯尔特社会

上图　凯尔特战士组成了迦太基军队的一大部分，在第二次布匿战争期间入侵了意大利本土。尽管有凯尔特人的参战，但最终迦太基还是被罗马摧毁了，伊比利亚还是成为罗马的属地。

出现了。在公元前1300年至公元前1200年，他们就已经到达了伊比利亚半岛。其他群体则频繁到访不列颠群岛进行贸易。毫无疑问，他们中的一些人也就此在不列颠群岛定居了。

对于凯尔特人是否长期大规模“入侵西班牙”或通过移民的方式将凯尔特文化带入该地区，人们意见分歧。或许，移民一波又一波地到来，而如果一个新群体的出现引发了诸多冲突，那么在某种意义上就构成了入侵。

凯尔特人进入西班牙的主要路线是比利牛斯山脉东部的通道。凯尔特“入侵者”随后遍布整个半岛，与当地居民混杂在一起，形成了被罗马作家称为凯尔特伊比利亚的文化群体。进入伊比利亚半岛后，凯尔特人与迦太基人发生了冲突。

迦太基是位于今天的突尼斯海岸的一个强大的城邦，由来自腓尼基[①]的航海商人在公元前800年左右建立。该城市最初只是一个获取补给和维修船只的村镇，后来渐渐发展成为一个大国，并占领了地中海西部的大部分地区，包括现在

① 位于今天的叙利亚和黎巴嫩地区。

迦太基和罗马之间的第一次布匿战争主要是海战，并没有直接影响到伊比利亚的凯尔特人。凯尔特战士在第二次布匿战争中发挥了更大的作用，参与了汉尼拔入侵意大利的行动。

下图 矛与标枪的设计多种多样，具体样式取决于预期效果和各地偏好。宽大的枪头会造成更宽的伤痕，但不太容易穿透。因此，对拥有良好防护装备的目标来说，它是一种不太有效的武器。

对页图 汉尼拔对意大利的远征主要是因他带来的一支战象部队而闻名。但显然，他的凯尔特盟友在军事意义上比大象更重要。大象在战役早期就悉数阵亡了，但凯尔特人坚持到了最后。

的西班牙南部。公元前 575 年左右，迦太基人开始在伊比利亚半岛进行扩张。

凯尔特战士有时会以雇佣兵的身份为迦太基服务，但为了伊比利亚部分地区的控制权，两个民族之间也冲突频起。凯尔特人倾向于采用游击战术，让便于行动的轻装步兵或骑兵部队进攻迦太基防守薄弱的地方。据记载，这一时期的凯尔特伊比利亚人的主要装备有剑、标枪和小圆盾，有些人还使用弓箭或斧头。

公元前 509 年，迦太基与罗马达成友好条约。当时，罗马是意大利半岛上的一个新兴小国，在向地中海岛屿扩张期间与迦太基发生了摩擦，最终引发了一场真正的战争。迦太基与罗马之间的第一次布匿战争（the First Punic War）发生在公元前 264 年至公元前 241 年，主要战场分布在西西里岛地区和周围海域。

这是罗马与迦太基三次布匿战争中的第一场仗。罗马军队并没有在伊比利亚行动，凯尔特伊比利亚人也没有直接掺和到冲突中，但他们抵抗迦太基入侵伊比利亚的行动分散了迦太基人对罗马的注意力。而这场战争也帮助凯尔特伊比利亚人在一段时间内摆脱了迦太基的制约。

第一次布匿战争结束后，迦太基人被迫向罗马进贡，数额巨大。但这并不妨碍他们在伊比利亚开展新一轮领土扩张。第二次布匿战争（公元前 218 年至公元前 201 年）是由迦太基人对独立城市萨贡图姆（Saguntum）的进攻而引发的。萨贡图姆向罗马请求帮助，罗马也应允了。然而，在罗马援军出发之前，迦太基军队就已经占领了该城。这损害了罗马人的威信，他们当然要来寻仇。

汉尼拔入侵

在随后的战争中，迦太基军队从海路攻打罗马，而汉尼拔·巴卡（Hannibal Barca）则大举入侵意大利。汉尼拔的军队从陆路出发，越过阿尔卑斯山进入意大利北部。选择这条路则势必要在凯尔特人的土地上行军。如果大量的凯尔特战士反对汉尼拔，则可能会对战役产生很大影响。但许多凯尔特人的立

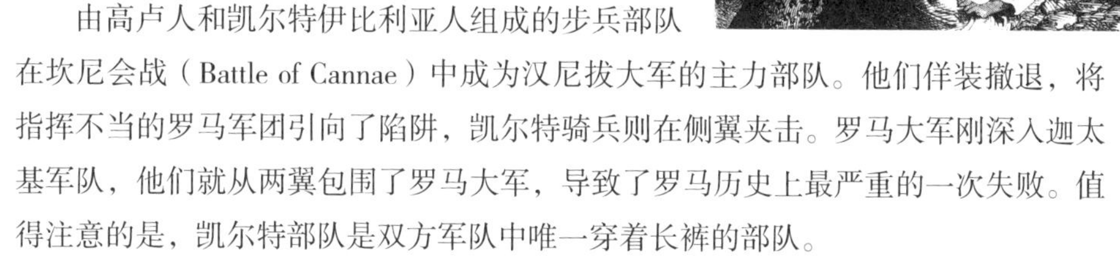

场与此恰恰相反。汉尼拔不仅在伊比利亚招募到步兵和少量的骑兵，还在进军高卢的过程中获得了更多的兵力。

高卢人和凯尔特伊比利亚人的战斗方法略有不同。高卢人采用的是典型的凯尔特战术，喜欢在开战后迅速短兵相接。而凯尔特伊比利亚人的战术则多一分考虑，他们会先集体投掷标枪，然后再突入惊慌失措的敌群。在这一点上，他们的方法与纪律更加严明的罗马军队没有什么不同。凯尔特伊比利亚人与罗马军队还有一个相似之处——他们都喜欢使用一种沉重的软铁标枪（Angon）。这种标枪和罗马的短矛（Pilum）一样，都可以在刺向盾牌时使盾牌弯曲而失去作用，使用者也可趁机使盾牌落地，使敌人失去庇护。

由高卢人和凯尔特伊比利亚人组成的步兵部队在坎尼会战（Battle of Cannae）中成为汉尼拔大军的主力部队。他们佯装撤退，将指挥不当的罗马军团引向了陷阱，凯尔特骑兵则在侧翼夹击。罗马大军刚深入迦太基军队，他们就从两翼包围了罗马大军，导致了罗马历史上最严重的一次失败。值得注意的是，凯尔特部队是双方军队中唯一穿着长裤的部队。

尽管汉尼拔在坎尼取得了巨大的胜利，也在意大利与更胜一筹的部队打响了辉煌的战役，但他最终还是被打败了。因为在远征期间，罗马军队趁机在西班牙发动战争，将那里的迦太基人尽数驱赶。这令当地居民和罗马人之间产生了广泛的接触。在罗马人眼中，该地区的每个人都是“凯尔特伊比利亚人”。凯尔特人、伊比利亚人和混合种族的人共存于此，造成了一种混乱的局面，以至于当地人都可能很难分辨谁是凯尔特人，谁不是。所以，罗马人给他们贴上统一的标签是可以理解的。然而，这确实在一定程度上使该地区的历史更加说不清道不明了。

公元前211年，迦太基贿赂了罗马雇佣的大批凯尔特伊比利亚部队，使其抛弃了盟友。最终，罗马军队不敌迦太基，在比提斯河上游战役（Battle of the Upper Baetis）中接连败北，罗马的第一次远征也就此以失败告终。

第二年，罗马召集了一支更强大的军队打了回来，而且在没有非常依赖当地雇佣军的情况下击败了该地区的迦太基军队。战争中迦太基愿意借助一切力量，于是继续雇佣了凯尔特伊比利亚的战士。公元前206年，一支包含大量凯尔特伊比利亚人的迦太基部

下图 迦太基沦陷后，凯尔特伊比利亚部落曾一度反抗罗马的统治，甚至在被征服后还保留了自身文化的大部分内容。此后，他们的力量为罗马所用，为该地区组建的军团提供善战的新兵。

对页图 扩张在很大程度上是由地形和反抗的激烈程度所决定的。一些部落确实为寻找新的家园而在敌对地区进行了斗争，但一般来说，迁徙走的是阻力最小的道路。

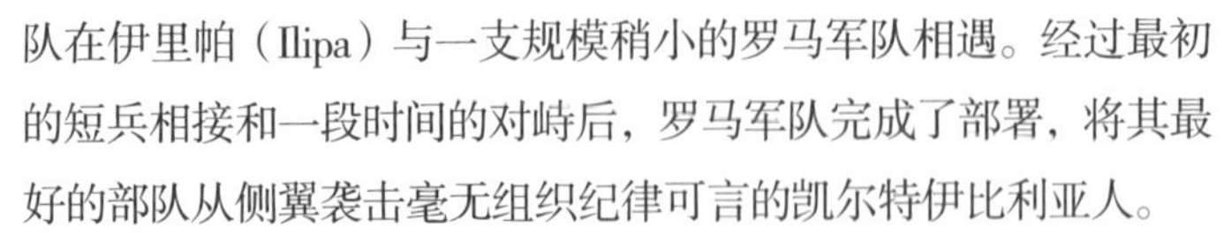

队在伊里帕（Ilipa）与一支规模稍小的罗马军队相遇。经过最初的短兵相接和一段时间的对峙后，罗马军队完成了部署，将其最好的部队从侧翼袭击毫无组织纪律可言的凯尔特伊比利亚人。

尽管主要由伊比利亚盟友组成的罗马主力军比他们所面对的迦太基部队要弱，但一些散兵拖住了迦太基人进攻的步伐，为罗马争取了时间，使侧翼的罗马军队能够击败凯尔特伊比利亚人，并从侧翼包围迦太基人的主力。恶劣的天气让迦太基人幸免于罗马人在坎内的遭遇。但当晚，凯尔特伊比利亚人集体潜逃，宣告了迦太基在伊比利亚最终的结局。

剩下的大部分迦太基部队在被罗马追兵逼入绝境后被杀或被迫投降。罗马人通过征服凯尔特伊比利亚人控制了伊比利亚半岛。凯尔特伊比利亚人此前帮助迦太基对抗罗马的行为遭到了罗马人的报复。凯尔特伊比利亚人对罗马的大规模抵抗一直持续到了公元前 133 年左右，而迦太基早已在公元前 149 年至公元前 146 年的第三次布匿战争中被摧毁。

此后，伊比利亚半岛地区成为罗马的属地。最初，罗马将其划分为近日斯巴尼亚（Hispania Citerior）和远日斯巴尼亚（Hispania Ulterior）两个行省。后来，该地区又被细分，直到帝国灭亡时仍属罗马管辖。凯尔特伊比利亚人的最后一次独立运动发生在公元前 80 年至公元前 72 年的塞多留战争（Sertorian War）中。此次战争主要是罗马的内部冲突，而不是外部矛盾，但凯尔特伊比利亚战士于此间发挥了重要作用。在恢复和平后，日斯巴尼亚一直是罗马的属地，直到帝国灭亡。

到那时，凯尔特人、罗马人和伊比利亚人的文化已经彻底混合在一起，同时还融入了其他文化，如西哥特人（Visigoths）和汪达尔人（Vandals）的文化。日耳曼人在匈人（Hunnic）入侵引发的欧洲大动荡时代也迁入该地区。后来，非洲北部的摩尔人来到伊比利亚，进一步引发了文化动荡。

希腊和东方的凯尔特人

可能是由于人口扩张，凯尔特部落从公元前 450 年左右开始大量向南和向东迁移，一直到巴尔干地区。与任何迁徙一样，这些部落走的是已知的、容易走的路线。小队人马几乎可以穿越任何地形，但大队人马或整个部落在寻找新的居所时，必须沿着山谷和山口前进，因为那里容易找到木柴、食物和水。因此，凯尔特群体一般都倾向于沿袭前辈的路线陆续进入巴尔干地区。

此时，巴尔干半岛北部和多瑙河流域居住着各种部落群体，他们彼此之间争吵不断，与南部的希腊人也常常发生冲突。这种混乱的状态便于凯尔特人通过征服、占领或相当于武装侵占的方式建立自己的地位。当地因为冲突分散了注意力的部落可能会发现，大量装备精良的人已经踏上了他们的部分领土并定居下来。他们本应该以武力驱逐这些外来人，但是凯尔特人好战而且武器精良，所以，适应形势、避免冲突，通常是更为谨慎的做法。

随着凯尔特人逐渐融入当地的政治格局，他们的势力也在不断增长。这主要是因为当地肥沃的土壤可以轻松养活大量人口。凯尔特人对该地区的统治力随着时间的推移而增强，但多瑙河流域仍然是一个人口混杂的地区。因此，即使凯尔特人管辖着该地区，他们仍然受到希腊、伊利里亚和色雷斯文化的影响。

多瑙河流域和巴尔干半岛北部的凯尔特人熟悉希腊事务，有时也作为雇佣兵参与到希腊人的战争中。与马其顿王国的腓力（Philip）有关的战争大大增强了马其顿王国的实力。凯尔特人对此早有耳闻，也很可能从这些战争中受益。腓力时不时会与伊利里亚和色雷斯的部落作战。要不是这样，这些部落可能会反对凯尔特人的扩张。

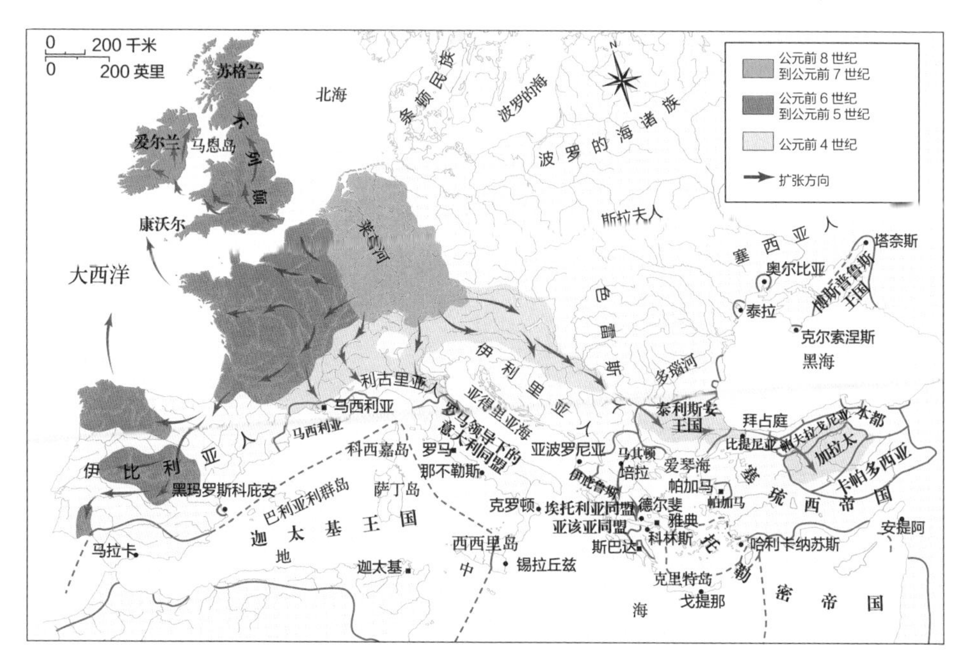

上图 巴尔干地区的凯尔特人希望与亚历山大大帝保持友好的关系，但对他的继任者不太重视，在亚历山大死后不久，凯尔特人便举兵入侵马其顿王国。

亚历山大大帝

腓力被杀后，他的儿子亚历山大在公元前 336 年登上了王位。第二年，凯尔特人派出了一个代表团来表示敬意，并与亚历山大签订协议。此时亚历山大已经开始了征服行动，这一系列的征服也让他有了“大帝”的称号。凯尔特人承诺帮忙看守马其顿北部边境，在亚历山大远征时抵御外部对马其顿的入侵，而作为回报，亚历山大也承诺不与他们开战。

亚历山大与凯尔特人之间的合作一直维持到公元前 323 年亚历山大去世。此后，凯尔特人开始向南迁移，逐渐逼近马其顿的边境。公元前 313 年至公元前 310 年，凯尔特人通过一次重大战役将伊利里亚的大片地区收入囊中，也使当地部落臣服。马其顿国王卡山德（Cassander）从此将凯尔特人视作主要威胁。公元前 310 年或公元前 298 年，他在凯尔特人对马其顿的入侵行动中大败凯尔特大军，但凯尔特人还是占领了色雷斯的一些地区。

凯尔特人在巴尔干地区的敌人还包括亚历山大大帝的一些继承者。这些人被称为“狄阿多西”[①]（Diadochi），继承了亚历山大大帝的帝国和强大的军事力量。但他们互相争斗，而且被征服的地区内部意见不合，同时又面临着外部的威胁。在色雷斯地区，利西马科斯（Lysimachus）试图自立门户，而卡山德则掌管希腊和马其顿。他们在内讧的同时，都不得不应付凯尔特人的入侵。

公元前 298 年，卡山德的死亡使其他人有了可以夺取马其顿王位的机会。继业者之间的野蛮内讧导致利西马科斯死亡，也使他一手创造的新王国四分五裂。最终，托勒密·塞拉努斯（Ptolemy Ceranus）登上了马其顿王国的王位。趁利西马科斯死后色雷斯四分五裂的时机，凯尔特人趁火打劫，但是几年后他们大部分都被赶了出去。

公元前 279 年，巴尔干半岛北部的凯尔特人发起了一场

① 即继业者。——译者注

盛大的远征。据说，这场远征由一个叫布里诺斯（Brennos）的人领导。但这个人是否真的存在尚未可知。不过当时凯尔特人的确是向马其顿、希腊、色雷斯和周边地区派遣了一支又一支队伍。

马其顿人最初的抵抗并不成功，军队遭到了重创，国王也被斩杀。幸而，凯尔特人此次入侵很快就撤军了。有人认为凯尔特人是被强行赶出了马其顿，也有人觉得他们已经拿到了足够丰厚的战利品，不想再打下去。但无论是哪种情况，凯尔特人的远征军终究是向北撤退了。

在凯尔特人的各支队伍重新集结起来后，他们就开始了新的远征。这次远征的目的地是希腊中部，走的是一条要穿越温泉关的路线。温泉关是该地区少数可以让军队通过的路线之一。天然的防御优势使它成为公元前 480 年希腊人对抗波斯入侵者的著名地点。

和以前一样，该关口仍由希腊联军把守，他们成功地击退了凯尔特人最初的进攻，但自身也伤亡惨重。为了削弱关口的防御，凯尔特人向附近的埃托利亚（Aetolia）派遣了一支部队，使得守卫温泉关的军队不得不抽派兵力前去支援。然而，埃托利亚人誓死保卫自己的家园，凯尔特人的伤亡越发惨重，这种声东击西的战术

左图 据传，巴尔干地区凯尔特人的远征是由一个叫布伦努斯或布里诺斯的人领导的。但是，仍有人对他是否真的存在表示怀疑。他可能是以一个当时真正的凯尔特领袖为原型演变而来的传奇人物。

下图　这座雕像成功塑造了凯尔特战士经典的骄傲形象（但不知出于什么原因，他是赤身裸体的）。它描绘了一个被打败的加拉太战士因不愿被俘而杀死了他的妻子，然后自杀的场景。

并没有给他们的远征带来突破。

在那场更著名的温泉关战役（Battle of Thermopylae）中，凯尔特人最终包抄守军并成功绕过了关口。守军从海上撤走，过了一阵才得以重返战场。随后，凯尔特人发兵希腊圣地德尔斐。然而，他们被击退了，之后又在斯佩耳刻俄斯河畔（Spercheios）遭到重创。凯尔特人盛大的远征就此结束了。不过远征军中的一些人确实进入了色雷斯，并成功建立了一个临时属地，但他们对该地的统治于公元前 212 年便结束了。

一些被赶出色雷斯的凯尔特人没有回到多瑙河流域，而是在小亚细亚定居，逐渐建立了所谓的加拉太地区。从文化背景上说，加拉太人是深受希腊影响的凯尔特人。他们的军事力量使他们拥有了一片广袤的领土。在接下来的几十年里，加拉太人常常作为雇佣兵或军事盟友服务他人，战士们也因此参与了该地区的许多权力斗争。如果报酬足够丰厚，他们并不排斥加入对立阵营的军队。即使他们干的事都与自己无关，他们仍然对地区影响很大。

然而，加拉太人的势力最终还是走向了衰落，尤其与罗马的战争中遭受惨败后更是一蹶不振。公元前 189 年，一支罗马远征军两次大败加拉太人。罗马人精良的武器与装备使加拉太人不得不求和。随后，该地区落入罗马人的控制之中。后来，本都王国又将其吞并。随之而来的是罗马共和国与本都王国之间爆发的米特里达梯（Mithridatic）战争。在这一战中，罗马取得了胜利，加拉太也就此成为罗马的属地。

希腊化的加拉太

随着时间的推移，加拉太地区受希腊的影响越发深远。当地典型的凯尔特文化逐渐与安纳托利亚人的生活方式相融合。据记载，虽然大约在公元 400 年左右，加拉太的语言仍然存在，但那

上图 达基亚王国（The Kingdom of Dacia）的首都设在萨尔米泽杰图萨（Sarmisegetusa Regia），是以牺牲当地凯尔特部落为代价而建立的。它由布雷比斯塔一手创建，但公元前44年布雷比斯塔去世后，达基亚也随之迅速走向了分裂。

时该地区已经失去了许多独特的文化，不再是凯尔特人的家园了。

尽管多瑙河流域和周边地区的凯尔特人在与布雷比斯塔（Burebista）领导下的达基亚（Dacian）和色雷斯部落交战后落败，实力已大不如前，但在接下来的一个世纪里，他们的力量仍然是不容小觑的。在布雷比斯塔统治的短暂时期，他从多瑙河流域一路烧杀劫掠到了黑海，令沿路的凯尔特部落遭受重创，而他们的部落联盟也基本解体了。

新的部落似乎就是在这一时期出现的。这可能是旧部落联盟解体的结果，也可能是罗马作家擅自添加的一套混乱的命名体系混淆了这一地区的种族关系。在这一时期，日耳曼部落确实有可能迁入了该地区。罗马执政官故意让这些部落迁至多瑙河流域，就是为了防止凯尔特人重新崛起。显然，这样做卓有成效。该地区的凯尔特人被受伊利里亚、达契亚、色雷斯和日耳曼影响的更普遍的族群同化了。就像许多在其他地区的同胞一样，多瑙河流域的凯尔特人也逐渐变得不再纯粹。

我们对凯尔特人的了解大多来自希腊的著作和图像。

我们对凯尔特人的了解大多来自希腊的著作和图像，比如雕塑，这些都源于希腊人和凯尔特人来往互动期间获得的知识。许多雕像描绘了赤身裸体的凯尔特战士，但尚不清楚这是对个人的准确描述——无论出于何种原因选择赤身裸体，还是由于希腊时尚的影响。在受希腊广泛影响的地区，裸体雕像非常常见，所以也许对凯尔特战士裸体奔赴战场这种说法只不过是由于希腊风格化的艺术呈现造成的曲解。

不管希腊的著作和雕像是否真的使我们对凯尔特人有所误解，但可以肯定的是，凯尔特人对希腊世界产生了深远的影响。他们与马其顿的战争，以及参与亚历山大继业者之间的争斗，对历史进程产生的影响极易被忽视。如果没有巴尔干地区的凯尔特人，亚历山大可能就无法开辟出那样庞大的帝国。如果他们没有搅进马其顿继业者之争，这个国家后来的发展可能就会截然不同。

对页图 人们对于文明的罗马人与野蛮的凯尔特人作战的刻板印象。一边是拿着粗制滥造的武器且衣衫不整的野蛮人，一边是组织严密、装备精良的文明之军，二者形成了鲜明的对比。

山南高卢和中欧的凯尔特人

有人认为凯尔特人最早的故乡是中欧。这主要是因为那里是哈尔施塔特和拉腾的考古遗址所在处。然而，有证据表明，原始凯尔特人是从更远的东部地区迁移到这个地区的。不过，已发现的凯尔特文化仍然是以现在的奥地利和周边地区为中心产生的。等到真正的凯尔特文化产生时，原始凯尔特人已经在这个地区生活了一段时间。

从这个中心出发，凯尔特群体向四面八方扩散。其中一些人找到了进入不列颠群岛、伊比利亚和其他区域的途径。由于在北欧平原上的移动相对容易，一群人可以同时迁徙寻找新的家园，商人可以轻松转移他们的货物，军队也可以高效行军和觅食。因此，凯尔特人向北一路走到了北海沿岸，定居在今天的比利时和荷兰，并向西进入了现在法国所在的地区。

在北地，特别是今天的丹麦附近，凯尔特人与波罗的海地区的日耳曼人产生了交集。我们所掌握的关于这个时代的大部分历史资料都来自罗马，而且在很多情况下，这些信息都是道听途说或是不完整的，甚至有些是误传的。罗马人对高卢（即凯尔特）部落和日耳曼部落之间的区分往往不是特别清楚。他们似乎普遍认为，任何生活在莱茵河（Rhine）以东的人都是日耳曼人，而生活在莱茵河以西的则是高卢人。此外，在罗马人眼中，日耳曼的士兵往往比高卢战士更凶猛。

这种相当模糊的区分很适合罗马人。因为他们关心的只是影响到罗马的政治局势，而不是边境地区人民的文化和血脉。罗马人使用日耳曼尼亚（Germania）一词指代莱茵河以西的一个特定地区，而日耳曼人则是指生活在该地区的族群。现在人们所说的斯堪的纳维亚半岛的日耳曼人是该名称的不同说法之一。

凯尔特人在丹麦与日耳曼人的交流带来了贸易、思想和语言上的来往，也出现了暴力摩擦和异族通婚。凯尔特人和斯堪的纳维亚人也有一定程度的往来。他们的一些文化习俗非常相似，两族之间似乎也进行着大量的货物贸易。同样，凯尔特人也与东部的芬兰人和斯拉夫人来往混杂。这就造成了越往北或越往东，凯尔特人的特征也越发模糊的现象。

在现在的法国，凯尔特人四处分散开来，自由定居。在地中海沿岸，他们与希腊商人交往，为附近的部落带来了新的发展方向。海岸的货物进入了内陆，内

陆部落的战士们也来到了海岸，作为雇佣兵服役。与此同时，凯尔特部落在法国的新家园安家落户，并迅速成为该地区的主宰。

塞农人

比起在北欧平原上移动，越过阿尔卑斯山向南迁移会更加困难。直到公元前 400 年左右，才有大量的凯尔特人沿这条路线向南而去。首先与罗马接触的部落是塞农人。他们翻越阿尔卑斯山来到意大利北部，开始寻找新的家园。这使他们与意大利北部的伊特鲁里亚人发生了冲突。后者不敌，只好向罗马求救。随后的战争导致罗马被塞农人洗劫一空，但塞农人没能占领罗马城，而是向北撤退，在防守较差的地方定居。此后的许多年里，塞农人一直是罗马的威胁，冲突断断续续。直到公元前 283 年，塞农人最终失败并被赶出了意大利。此时，罗马的军事体系已经从基本的希腊方阵模式发展为更灵活的军团模式。

罗马人将他们遇到的凯尔特人称为高卢人，将这些人的家乡称作高卢。依照罗马人的划分，阿尔卑斯山以南的凯尔特地区是山南高卢（Cisalpine Gaul），而阿尔卑斯山以北的地区则是山北高卢（Transalpine Gaul）。罗马的扩张起初仅限于意大利境内，那里有许多希腊和意大利城邦，还有萨姆奈特（Samnites）等部族。数十年来，罗马与这些人的冲突耗费了他们大部分精力，而意大利北部的高卢人也得以在这片土地上建立起自己的地位。

在驱逐塞农人和吞并山南高卢后不久，罗马就与一个名叫塔林敦（Tarentum）的意大利城邦发生了冲突。随后，罗马与西北部的希腊城

下图　塞农族酋长（左）穿着的战争装备具有明显的罗马风格，而高卢的酋长则穿着更传统的凯尔特人服装。但两者都将长剑作为个人武器。

左图 虽然高卢人大都喜欢徒步作战，但许多战士都拥有马匹，在必要时，他们也会骑马作战。高卢的骑兵部队在与罗马的战斗中战果丰硕。但总的来说，罗马对高卢的征服仍是一场步兵对步兵的战斗。

邦伊庇鲁斯（Epirus）之间又发生了摩擦。这场冲突一直持续到公元前 275 年。或许因此推迟了罗马向北扩张的进程。

塞农人侵入山南高卢后，波伊（Boii）部群也随之迁移。他们从东北部进入意大利，占领了一些原属于伊特鲁里亚人的领土。后来，波伊人与塞农人一起对抗罗马，并于公元前 284 年联手在阿雷提乌姆（Arretium）大败罗马军队。随后，波伊人又与伊特鲁里亚人结盟，在公元前 283 年对罗马发动了一次大规模的战役。在此次战役中，他们也得到了塞农雇佣兵的协助。

派遣战士与罗马作战，即使只是雇佣兵，也违反了塞农人与罗马的条约。双方的关系如此不睦，以至于当罗马使者来到塞农人部落要求召回雇佣兵时，塞农人杀害了使者。他们将使者毁尸灭迹，试图掩盖他们的所作所为。但罗马人没有受他们蒙蔽，对塞农人发起了远征。由于部分塞农战士缺席，他们的战斗力被削弱。塞农人惨败，因此被俘者要么被处决要么沦为奴隶，生还者则四散而逃。波伊军队中的塞农雇佣兵试图在战斗中复仇，但仍以失败而告终，许多人宁可自杀也不向罗马屈服。

他们将使者毁尸灭迹，试图掩盖他们的所作所为。

波伊运动

对页图 许多高卢人宁愿自杀也不愿向罗马投降。比起被罗马人以残酷手段处决，战败者通常会选择给自己个痛快，况且这些战士还相信死后生命仍会在其他地方延续。

波伊人一直是意大利东北部一股不容忽视的势力。随着时间的推移，他们的影响力也越来越大，威胁到了当时意大利半岛上的其他势力。公元前 225 年，波伊从山北高卢招募了雇佣兵，在意大利发起了新的战役。作为回应，由罗马领导的联盟，包括伊特鲁里亚和萨姆奈特等部族，派遣军队对抗高卢人。

为了避免正面冲突，高卢军队越过亚平宁山脉（Apennines）进入了伊特鲁里亚，并在当地大肆抢掠。与罗马军队在克鲁西姆（Clusium）附近接触之后，高卢人随即开始撤退。仓促草率的追击，使罗马人陷入了埋伏，以至于惨败。之后，罗马援军赶到，随即在忒拉蒙（Telamon）附近发起了第二次战斗。

高卢人战败了，相当大一部分原因是罗马人在近战中的优势。事实证明，罗马的重甲和剑的近战杀伤力，比高卢人的砍杀武器和或轻或无的防护装备更有效。一场苦战后，高卢部队的大部分人都被杀或被俘。

这场战役意义深远。它证明了那时罗马人的军事手段比他们“野蛮”的对手更有优势。同时，这也许是凯尔特人最后一次在欧洲大陆的战争中使用战车。此外，因为这场战役，罗马有机会远征势单力薄的波伊部落，以示对他们的惩罚。此次远征大大削弱了波伊人的力量，尽管他们仍然生活在意大利北部。

下图 毫不意外，展现罗马人与高卢人作战的雕刻极为常见。在罗马历史的大部分时段，高卢人于罗马始终是一个威胁。几乎每一次罗马身陷危难，他们都是肇事者之一。

对页图 罗马执政官马库斯·克劳狄乌斯·马塞勒斯（Marcus Claudius Marcellus）在公元前222年的克拉斯提迪乌姆（Clastidium）战役中杀死了盖萨塔依人的首领维瑞多玛鲁斯（Viridomarus）。从图中可以看出，维瑞多玛鲁斯是穿戴整齐地在战斗的。马塞勒斯还把他的盔甲作为战利品收为己用，并将其命名为“终极大奖”（Spoila Optima）。

这场战役不仅为罗马消除了波伊人和他们的雇佣兵带来的威胁，而且还具有更广泛的影响。为了在征战时维持其他区域的稳定，罗马与迦太基签订了条约，实际上放弃了对伊比利亚的领土主张或利益。这把罗马军队从不得不防范迦太基运动的情况中解脱出来。但在冲突不可避免的时候，也增强了迦太基的力量。波伊人在公元前194年和公元前193年接连战败后，最终被赶出了意大利。大部分人向东北方向迁移，绕过亚得里亚海（Adriatic），于多瑙河流域落脚。在那里，他们重整旗鼓，但他们的部落联盟还是在公元前60年左右开始的一系列冲突中逐步瓦解了。波伊人的一个分支随着赫尔维蒂人（Helvetii）迁移，并参与了后来的高卢战争。

盖萨塔依人

意大利还有一支名为盖萨塔依（Gaesatae）的高卢部族，他们常常以雇佣兵的身份与其他部落一起作战。事实上，一些古代历史学家将他们的部落名称译为“雇佣兵”，但译作“长矛手”或“标枪手”可能更加恰当。据记载，盖萨塔依人是赤身裸体作战的，这与他们穿着衣服的盟友形成了鲜明的对比。古希腊历史学家波利比乌斯（Polybius）称他们这样做是为了防止衣服被荆棘卡住而损坏。这一说法引来了一些质疑。首先，是否会有人在荆棘丛中作战？其次，就算真的有，那一个赤身裸体的人在满是尖刺的荆棘丛中舞剑究竟能达到怎样的效果？

这就是古代著作的本质特征——模糊。但基本可以确定的是，盖萨塔依人喜欢用小盾牌，且除此之外，他们基本没有其他防御手段，很容易成为罗马标枪的猎物。就算盖萨塔依人战斗技

能过人且拥有一腔热情，但他们始终无法对意大利的军事格局产生多大影响。雇佣他们的人中还有一个名叫因苏布雷（Insubre）的部落，他们似乎并不是迁移至此的凯尔特人，只是被当地部落"凯尔特化"了。

因苏布雷人的领地位于意大利西北部，常常遭遇凯尔特人入侵，同时也时不时接纳着小规模的移民和贸易。因此，他们的文化在受到伊特鲁里亚人等其他意大利群体影响的同时，也沾染了凯尔特人的特征。因苏布雷人反对罗马人的扩张，并与波伊人一起对抗罗马，也参与了公元前225年的忒拉蒙战役。

到公元前221年，因苏布雷人最终被罗马征服，并被迫与之结盟。二者之间的盟友关系一直持续到公元前218年。这一年，汉尼拔的迦太基军队踏上了因苏布雷人的领土。因苏布雷人不满罗马已久，于是，他们决心协助迦太基人对抗罗马。然而，公元前194年，因苏布雷人又恢复了与罗马的盟友关系。此后，他们的文化也变得越来越罗马化。公元前49年，因苏布雷人正式成为罗马公民。

塞诺马尼（Cenomani）是意大利唯一一个一直拥护罗马的高卢部落。他们跟随塞农人进入意大利，从伊特鲁里亚人手中夺取了领地，在此定居。在其他凯尔特部落此起彼伏地与罗马开战的时候，他们与罗马成为朋友。公元前225年，当波伊人和他们的盟友被打败时，同为凯尔特人的塞诺马尼人和威尼提人（Veneti）却站在了胜利的一方。在公元前218年迦太基军队开始入侵意大利时，他们也站在罗马一边。塞诺马尼在公元前200年发起了一次短暂的叛乱，但很快就被平息，他们也回到了原本效忠的罗马身边。与之前山南高卢的其他凯尔特人一样，塞诺马尼人在公元前49年被授予正式的罗马公民身份。

尽管沃尔卡人（Volcae）与罗马之间的关系并不亲近，但他们是自愿加入罗马共和国而不是被征服的。沃尔卡部落有两大分支。一支生活在加龙河（Garonne）和罗纳河之间的地区，另一支则定居在多瑙河流域。后者参与了凯尔特人入侵希腊的行动。他们声势浩大，实力不俗，直到公元前1世纪才被日耳曼人和达契亚人打败。

在高卢的沃尔卡部落有两大分支。一支名为阿雷科米契（Arecomici），在现在的尼姆（Nimes）和纳博讷（Narbonne）地区设有首都。据推测，他们与罗马的联系十分频繁。随着罗马共和国影响力的扩大，阿雷科米契人最终选择加入罗马共和国。做出这一决定可能是因为他们考虑到主动加入始终比被动臣服要体面些，反正那些抵制罗马扩张的人无论怎样都会成为罗马的“朋友”，还是卑躬屈膝的那种，不如主动交好。而且，与罗马友好相处能创造相当大的经济和政治利益。

因此，在公元前121年，阿雷科米契从一个独立的凯尔特部落变成了罗马纳尔榜南西斯高卢（Gallia Narbonensis）省的公民。只不过他们拥有凯尔特血脉，其文化也仍然具有鲜明的凯尔特特征。有趣的是，据记载，纳博讷是由罗马殖民者在公元前118年建立的，即阿雷科米契人加入共和国的三年后。也就是说，阿雷科米契人在纳博讷的定居点可能归入了现有殖民地，也可能是在罗马扩张时成为新殖民地的一部分。

沃尔卡族的另一支名为特克托萨季（Tectosage）。由于地理因素，他们在罗马共和国的统治之外生活了将近一个世纪。特克托萨季部落的首都设在托洛萨（Tolosa），也就是现在的

上图 这是高卢的奥勒西塞诺马尼（Aulerci Cenomani）部落铸造的金币。在当时，硬币的价值取决于其中所含金属的质量和重量，而不是随意的一个标准。因此，任何部落的钱币价值都会有很大的不同。

对页图 虽然纳博讷伦巴德庄园（Clos de la Lombarde）已挖掘出土，但还是无法证明这座城市究竟是由罗马人还是高卢人建立的。这两种文化在几个世纪的时间里不断融合。说不清一种文化是什么时候结束的，也说不清另一种文化是什么时候出现的。

图卢兹（Toulouse），是当时的罗马无法触及之地。他们与伊比利亚的迦太基人有来往，有时还派雇佣兵为迦太基作战。因为曾发兵对抗罗马，特克托萨季部落在公元前 105 年被罗马征服了。

沃尔卡战士曾与其他高卢人一起与日耳曼入侵者结盟，并肩战斗。这引起了罗马人的关注。公元前 107 年，他们在托洛萨被彻底击败。一场以惩罚为目的的远征洗劫了这座城市。此后，特克托萨季人成为罗马的臣民。从托洛萨掠夺来的战利品中有大量的黄金。据说，这是公元前 217 年凯尔特人远征希腊时从德尔斐抢来的。由于运送黄金的罗马部队在半路上遭到袭击后神秘地消失了，这些财宝也就成了受诅咒的不祥之物。有趣的是，与黄金不同，从托洛萨掠夺的银子最终安全运抵罗马。

特克托萨季部落像该地区的许多其他部落一样，成为罗马扩张征程的一部分。而定居于其他地区的沃尔卡人幸存了下来，大多分布在日耳曼尼亚和加拉太地区。部落的迁移与分裂使得追溯他们的历史成为一件难事，因为他们的名字可能同时出现在好几个地方。不过这也意味着，即使部落的主体被消灭或被征服，其文化也可能以某种形式存续下来。

融入欧洲

公元前 800 年左右，凯尔特人成为铁器时代的一个个性鲜明的民族。自那以后，他们在欧洲甚至更远的地方享有几个世纪的统治地位。他们的贸易头脑与作战技巧影响了从伊比利亚到小亚细亚地区人们社会生活的方方面面，也搅入了罗马和迦太基之间的生死斗争。高卢和不列颠群岛以外的凯尔特群体逐渐被削弱、吞并或改变，不再是纯粹的凯尔特人，但他们始终没有被压垮，也没有绝迹。虽然他们不再是一个独立的民族，但他们融入了欧洲新兴的未来，在其他群体间由内而外地影响着欧洲世界，而这种影响将永无止境。

THE CELT

IN GAUL

凯尔特人在高卢

高卢（即今天的法国和北海沿岸地区）是众多凯尔特部落的家园。在那里，部落与部落之间结成了大大小小的联盟。

但这些联盟大多是依靠部落之间的亲缘关系、传统友谊或者单纯的地缘关系结成的，组织结构松散。其成员有时会因为战败而脱离联盟，或迁移至新的地区定居；还有些部落千里迢迢从外地迁来。这就使追溯整理一些部落和联盟的历史演变更加复杂困难。成员部落的生活方式和组织结构大体相似，因此，像罗马人这样的外人往往是看不出他们之间的差异的。

这个问题一直延续至今。例如，贝尔格人（Belgae）居于现今的比利时地区，他们被称作高卢人，却与高卢的凯尔特人并不完全一样，更可能是日耳曼人的后裔。虽然要区分高卢地区的凯尔特人与日耳曼人并不容易，但众所周知的是，贝尔格人都是令人生畏的战士，以凶戾狂暴而闻名。此外，在恺撒征战高卢时期，贝尔格人的语言和生活方式都与其凯尔特邻居非常相似。

对页图 维钦托利（Vercingetorix）是最著名的高卢首领，在尤利乌斯·恺撒发动的高卢战争中，正是他率领高卢人顽强抵抗。虽然他是一个魅力十足、备受尊敬的领袖，但他并不是一支统一的武装力量的统帅。最终，高卢人的勇敢还是不敌罗马人的严密组织。

贝尔格人

贝尔格是部落联盟，其成员并不一定同根同源。人们认为，许多贝尔格人至少早在公元前 3 世纪时就从日耳曼地区移居到莱茵河对岸。他们可能在与当地的凯尔特部落通婚和文化交流的过程中形成了凯尔特人的生活方式。然而，据恺撒回忆，贝尔格人是高卢人中最好战最凶悍的。同样地，他声称日耳曼战士比高卢战士更凶猛。这与贝尔格人就是“凯尔特化”的日耳曼人的说法有关。关于贝尔格人究竟是不是真正的凯尔特人这一问题，仍有很大争议，也没有人可以做出肯定的回答。毕竟，文化与种族的融合严重影响了人们对凯尔特人的界定。罗马人将莱茵河以东的所有民族都称作高卢人，这其实是不准确的。当然，贝尔格人和其他高卢人并不会太在意这些东西。他们以家庭、部落和部落联盟来界定自己的身份，而不是用类似于文化基因这样模糊且抽象的概念来决定自己的归属。同样，因为高卢人从未清楚地记录下自己的历史，高卢地区的种族划分也就更加令人琢磨不透。

下图 这些雕像是公元前200年左右的作品，展示了当时高卢人的长相和穿着。不过，要想进一步了解其容貌的细节和衣物的颜色则必须从其他素材进行推断，比如通过用特殊方式保存下来的布料碎片。

高卢的凯尔特人多年来一直忙于解决眼下的问题，并没有为后人留下能够了解这段历史的书面记录。基于许多考古证据，我们不难猜想部落联盟之间总是在打仗。战争结束，各方缔结契约，而一方势力会将另一方吞并。他们也与外来民族发生过冲突，不过这大多没有明确的记录，要想知道事情的来龙去脉，只能依靠推断。

凯尔特人在高卢的统治

凯尔特人在高卢统治的初期，比图里吉（Bituriges）部落是一股非常强大的势力。但在公元前500年左右，该部落一分为二：一支定都阿瓦利肯[①]（Avaricum），另一支则选定波尔多（Bordeaux）为首府。据记载，即使到了公元前1世纪，比图里吉人仍在政治、军事和宗教领域具有非同一般的影响力。然而，高卢部落的命运变化无常，公元前60年左右，他们受埃杜伊人（Aedui）的影响极度衰落。相对而言，人们对高卢部落的事务知之甚少，虽然许多情况下，他们规模大且极具影响力。

除了与塞农人有关的事情，巴黎西（Parisii）部落很少出现在历史记录中。他们可能在塞农人被赶出意大利时接纳了一些无家可归的人。巴黎西部落最出名的就是其首府的名字，即现代的巴黎（Paris）。在高卢诸部齐心抵御罗马入侵时，巴黎西人显然出力不多。除了派遣战士驰援阿莱西亚，他们就没怎么抵抗过。巴黎西人似乎也因此得到了罗马人的宽恕。战后，他们非但没有受到惩罚，甚至还没有失去自己的领土。在罗马征服高卢后，巴黎西部落的首府成为重要的经济政治中心，并逐渐发展成一个国家的首都。

多年来，其他部落的命运则喜忧参半。公元前3世纪到公元前2世纪正是阿维尔尼人（Averni）如日中天之时。可以说，那时的阿维尔尼是整个高卢地区最有影响力的部落。然

---

① 现在的布尔日（Bourges）。

左图 有的石雕可能会像法规一样令人难以理解。人们对于石雕中雕刻的究竟是什么，往往意见不一。有时，即便这种解释被证明是错误的，从中得出的结论仍然被视作“众所周知的事实”。

而，公元前 123 年，他们和盟友阿洛勃罗奇人（Allobroges）一道被罗马军队击溃，阿维尔尼人的神话也就此终结。自那以后，罗马建立起了纳尔榜南西斯高卢省，统管从阿尔卑斯山到比利牛斯山沿海的这一大片区域[①]。在战争开始之前，罗马人担心当地部落会妨碍他们的扩张计划，这才对阿维尔尼人展开了征服行动。

罗马人在此定居后，马西利亚的贸易港口或多或少与新的罗马城市有差距。行省首府纳博讷代替马西利亚成为高卢和罗马之间贸易往来的枢纽城市。此地也是恺撒发动高卢战争的起点。此前，这里发生了一件大事，标志着罗马事务发生变化，并对高卢人产生了重大影响。这就是新改革的罗马军队与日耳曼入侵者之间的冲突。

① 以前被称为山北高卢。

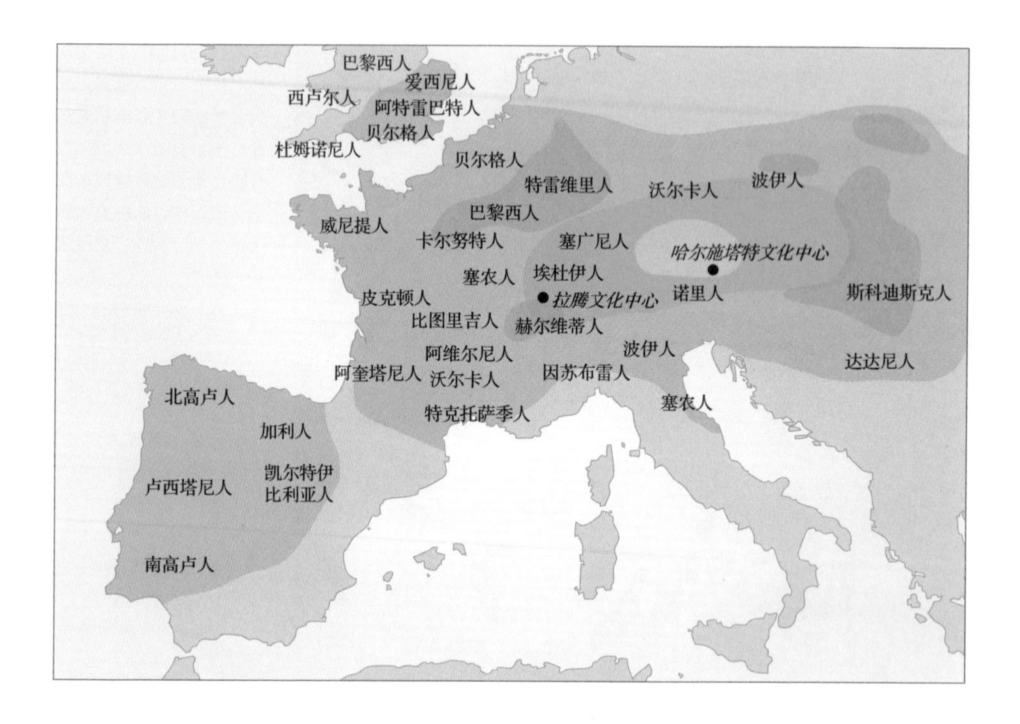

日耳曼人侵

公元前112年之前不久，辛布里（Cimbri）、阿姆布昂（Ambrones）、条顿（Teutones）这几支日耳曼部落由日德兰半岛（Jutland）向南迁移至凯尔特人所在的地区。一踏入多瑙河流域，他们就受到了当地凯尔特部落的阻击。这些部落里就有诺里人（Nori）和斯科迪斯克人（Scordisci）。由于不敌数量众多的日耳曼人，该地区的凯尔特人向罗马求援。于是，罗马派遣了一支军队前去帮忙。罗马军队赶来后，双方决定以谈判的形式结束战争。由于罗马态度强硬，日耳曼人只好与当地的凯尔特部落签订协议并立即撤退。然而，没过多久罗马人就变卦了。他们决定对日耳曼人展开伏击，让这群入侵者有来无回。可是，日耳曼人背水一战，令罗马军队几乎全军覆没。

此后日耳曼部落接着向西深入高卢地区。他们沿途劫掠，持续了好几年时间。虽然几乎没有资料记下他们入侵高卢的路径，但有证据表明他们的行动的确覆盖了高卢的许多地区，只是很多还存在争议。最终，一部分日耳曼人来到了伊比利亚北部，后来又绕回了罗马地盘。

日耳曼人与高卢地区的凯尔特人之间并非都是暴力或消极的交往。日耳曼人与一些凯尔特部落结成同盟，而有些部落则利用罗马人战败的机会，摆脱了罗马的控制。一支名为提格尼（Tigurni）的部落便主动与这群日耳曼入侵者结盟，与他们并

肩作战，一同对抗罗马军队。

尽管并非所有的战役都对罗马有利，但经过一连串的战斗，日耳曼入侵者最终落败。公元前 107 年，一支罗马军队受命前往支援一个高卢部落，却被提格尼人打得溃不成军，由此引发了一场大型叛乱。尽管这场叛乱被罗马军队平息了，但日耳曼人的威胁仍然存在。公元前 105 年，由于罗马军队内部出现的问题，这支军队在阿劳西奥（Arausio）遭到了敌军的致命打击。于是，人们开始担心日耳曼人会趁热打铁，入侵意大利。

面对这一威胁，罗马人的应对是重组军事系统，创建了职业军队，随后开拓和保卫其帝国，并系统地摧毁高卢的凯尔特部落，入侵不列颠群岛部分地区。不过，就此时此刻而言，罗马人更关心的是如何才能不打败仗。

新的罗马军队在与日耳曼入侵者及其同盟作战时极为谨慎。最终，他们在公元前 102 年的塞梯埃河战役与公元前 101 年的韦尔切利（Vercellae）战役中歼灭了敌人。此次战争虽然不是凯尔特人和罗马人之间的直接冲突，却仍然对高卢产生了重大影响。许多曾经与罗马交好的高卢部落重新站

对页图 凯尔特人的主要部落和部落联盟比较容易按地区界定。但是在相当遥远的地区也有这些部落的分支，往往还有着相同的名字。这种情况有时是因为这些部落流离失所或迁移，有时则是因为外部观察者误判而将其归为一类。

上图 日耳曼人的外貌特征、行为举止和战斗方式都与凯尔特人极为相似，但与他们双方交过战的罗马认为日耳曼人是更加可怕的对手。也许，单凭日耳曼尼亚可以成功抵御罗马人的入侵，就能证明这一点。但事实上，除了武力，地形因素在他们的交锋中也十分关键。

右图 罗马人对韦尔切利之战的描述总是言过其实的。但也有证据表明，在这次重大战役中，罗马大败日耳曼军队。辛布里人几乎不复存在，仅有的幸存者也沦为奴隶。

队，搅进了这场纷争，直到日耳曼部落战败，高卢和罗马之间的矛盾也没有消减的迹象。成王败寇的历史以及二者随后受到的不同待遇，更是影响了此后高卢人和罗马人之间的关系。

这场战斗也改变了罗马人对高卢人的态度。罗马社会中形成了一种憎恶高卢的情绪，使尤利乌斯·恺撒的高卢战役更得民心。同时，恺撒的继任者之后也多次以此次日耳曼入侵和随之而来的一些小摩擦为借口对高卢地区展开征服行动。

日耳曼人入侵[1] 并不是罗马与山北高卢的第一次冲突。只是，之前罗马向阿尔卑斯山以北的扩张速度并不快，而且大多数情况下边境地区的凯尔特部落都与罗马共和国交好。当时，埃杜伊人占据着现代勃艮第（Burgundy）的大部分领地，他们是罗马的盟友，且基本已经成为一个罗马化的民族。然而，这不影响他们在高卢战争期间与罗马作对。

高卢战争爆发

长达八年的高卢战争始于公元前 58 年。在此之前，尽管恺撒颇有威势，但也只是罗马众多弄权者中的一个。可想而知，他后来对“高卢战役”的描述多少有些自吹自擂的成分，但他的描述确实也展现了这一时期凯尔特人在高卢的情况。

恺撒将入侵高卢的想法“推销”给了罗马人，说是要应付北方虎视眈眈的野蛮

① 在罗马历史上有时称之为辛布里战争（Cimbrian War）。

人就必须先发制人，他的说法似乎也合情合理。只不过，征服高卢人和改变当地凯尔特人的生活方式主要还是出于恺撒自己的野心。简单来说，尤利乌斯·恺撒需要一个敌人，这样他就可以用胜利赢得民众的赞誉，还能掠夺财物来偿还他之前欠下的巨额债务。

恺撒以这种方式取得了旷古绝伦的功绩。恺撒高卢战争的特征是一个“任务蠕变”的极端案例，他并不满足于最初的目标，他的成功激发了更多的欲望，而且他必须处理他的侵略造成的后果。等他大功告成时，整个高卢都已经被罗马收入囊中，恺撒也成了万人敬仰的罗马英雄。眼见恺撒如此广受拥戴，他的政敌只好发令把他召回罗马，这迫使恺撒做出了一个致命性的决定，即带领军团越过卢比孔河（Rubicon）进入意大利。随后发生的事改变了罗马的社会性质，而那时的高卢已经发生了翻天覆地的变化。

恺撒瞅准了时机，在赫尔维蒂部落联盟开始从如今的瑞士向高卢地区迁移之时，与高卢人开战。当时，赫尔维蒂人向罗马提出了申请，并承诺不会在沿途骚扰与罗马结盟的部落。由于尤利乌斯·恺撒是山北高卢和山南高卢的行省总督，他自然有权决定是否让这群“野蛮人”在他的辖地穿行。

于是，恺撒决定利用此次机会生事。为了拖延时间，他与赫尔维蒂人进行了谈判。谈判期间，他集结了一支庞大的军队，并在河流渡口设防，逼迫赫尔维蒂人另寻他路。于是，赫尔维蒂人不得不侵入埃杜伊人和阿洛勃罗奇人的地盘。这两个部落都与罗马交好，他们纷纷向罗马求援。这样一来，恺撒出手帮忙便是合情合理的事。于是，恺撒率领五个军团去抗击赫尔维蒂人的入侵。

阿洛勃罗奇人的领地位于罗纳河谷至现在的瑞士之间。他们控制着穿越阿尔卑斯山的几个主要通道，这也是当地人的收入来源与政治权力的保障。汉尼拔的迦太基军队试图穿过阿尔卑斯山时就曾与之作战。但后来，阿洛勃罗奇人与罗马发生了冲突。这场争斗发生在公元前 123 年左右，充分显示

下图　尤利乌斯·恺撒征战高卢，踏平了凯尔特诸部，使他们臣服于罗马的统治。同时，这场战役也为罗马从共和国到帝国的转变埋下了伏笔。在随后的罗马内战中，与高卢人战斗获得的经验，对恺撒的军队来说是极其宝贵的。

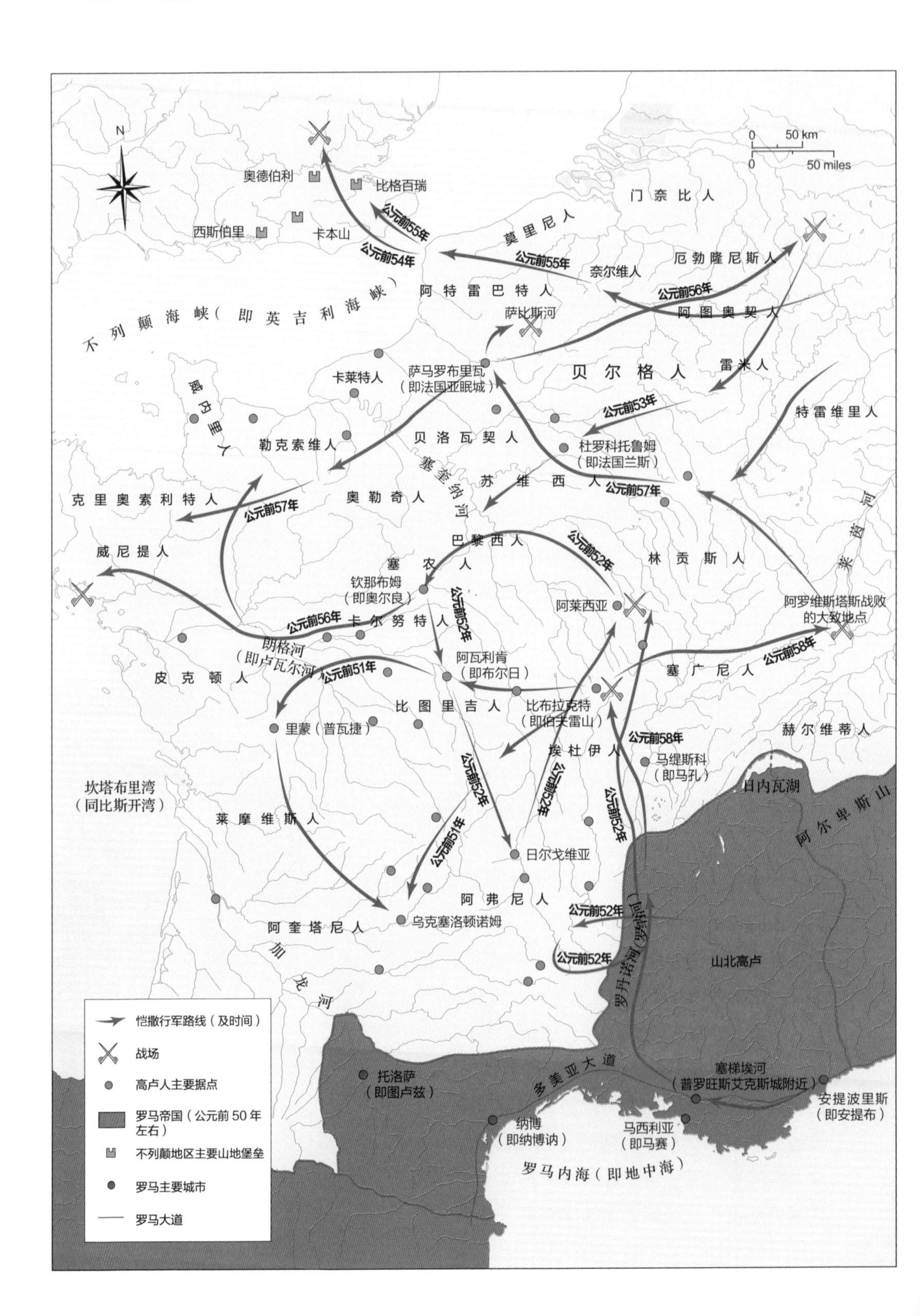
N
0 50 km
0 50 miles
奥德伯利
比格百瑞
西斯伯里
卡本山
门奈比人
莫里尼人
公元前55年
公元前54年
公元前55年
厄勃隆尼斯人
奈尔维人
公元前56年
阿图奥契人
不列颠海峡（即英吉利海峡）
阿特雷巴特人
萨比斯河
萨马罗布里瓦（即法国亚眠城）
贝尔格人
雷米人
卡莱特人
威内里人
勒克索维人
贝洛瓦契人
公元前53年
杜罗科托鲁姆（即法国兰斯）
特雷维里人
塞奎纳河
苏维西人
公元前57年
克里奥索利特人
公元前57年
奥勒奇人
莱茵河
巴黎西人
公元前52年
林贡斯人
威尼提人
塞农人
钦那布姆（即奥尔良）
公元前52年
阿莱西亚
阿罗维斯塔斯战败的大致地点
公元前56年
卡尔努特人
朗格河（即卢瓦尔河）
阿瓦利肯（即布尔日）
公元前58年
塞广尼人
皮克顿人
公元前51年
比图里吉人
比布拉克特（即伯夫雷山）
里蒙（普瓦捷）
公元前58年
赫尔维蒂人
埃杜伊人
马缇斯科（即马孔）
日内瓦湖
坎塔布里湾（同比斯开湾）
公元前52年
公元前52年
公元前52年
阿尔卑斯山
莱摩维斯人
公元前51年
日尔戈维亚
阿弗尼人
公元前52年
阿奎塔尼人
乌克塞洛顿诺姆
加龙河
公元前52年
罗丹诺河（罗讷河）
山北高卢
多美亚大道
塞梯埃河（普罗旺斯艾克斯城附近）
托洛萨（即图卢兹）
安提波里斯（即安提布）
纳博（即纳博讷）
马西利亚（即马赛）
罗马内海（即地中海）
恺撒行军路线（及时间）
战场
高卢人主要据点
罗马帝国（公元前50年左右）
不列颠地区主要山地堡垒
罗马主要城市
罗马大道

了一个强大的高卢部落与罗马共和国的相对地位。

他们纷纷向罗马求援。这样一来，恺撒出手帮忙便是合情合理的事。

当时阿洛勃罗奇人为一个被罗马军队打败出逃的部落的难民提供了庇护。罗马要求他们交出这些人，但他们自视甚高，拒不从命。公元前121年，阿洛勃罗奇人在与罗马的争斗中落败。罗马向其征收了巨额赔款作为惩罚。但阿洛勃罗奇人仍然十分强大，对罗马政治局势的影响也不可忽视。恺撒发动高卢战争时，他们站在了罗马一边。正是因为他们向罗马求援，恺撒才能够发动这场原本理屈的战争，且不落人话柄。

恺撒与他的军团在阿拉尔河（River Arar）发现了赫尔维蒂人的踪影。此时，赫尔维蒂人正尝试渡河，而对如此大规模的移民来说，渡河可不是不声不响就能完成的事。于是，高卢战争的第一场战役打响，大批赫尔维蒂人被罗马军团歼灭，但一些人也赶在恺撒的部队架起河桥追赶他们之前逃走了，并且趁恺撒大军因为缺乏补给而举兵前往埃杜伊人的首府比布拉克特（Bibracte）时，对罗马军队发起了攻击。

对页图 高卢战争波及了法国的大部分地区，跨越了莱茵河甚至到了英吉利海峡（English Channel）。征战高卢更多的是一场政治博弈，旨在提高恺撒的政治地位。不过，也有几次征战也是为了镇压他自己引发的起义。

差一点，罗马军队就要支持不住了。只可惜，赫尔维蒂人最终未能攻破恺撒的防守阵地，慢慢被罗马拖垮了。赫尔维蒂人被强行迁回了他们离开的故乡。因为他们在离开之前早已烧毁了自己的家园，所以他们不得不重新安顿。迫使赫尔维蒂人留在他们位于阿尔卑斯山的故乡，使他们夹在罗马领土和北方咄咄逼人的日耳曼部落之间。尽管日耳曼部落的频繁骚扰是赫尔维蒂人最初迁徙的原因之一，但没有罗马政治家想看到日耳曼部落迁入赫尔维蒂人腾出的土地。

日耳曼人与贝尔格人参战

恺撒战胜赫尔维蒂人之后，又有几个高卢部落向他请求援助，以对抗日耳曼人的入侵。这带来了一个复杂的政治问题：朋友的敌人可能也是朋友。埃杜伊人（求助恺撒的高卢部落之一）素来是罗马的盟友，但与之作对的日耳曼苏维汇人（Suebi）最近也成为“罗马之友”。对此，恺撒要求苏维汇人待在自己的领地上，不要越过莱茵河。如果苏维汇人不听，恺撒就又有了发动战争的借口。

由于谈判无果，罗马和这支日耳曼军队打了场硬仗，日耳曼一方损失惨重，幸存的苏维汇人也撤退到莱茵河对岸。虽然这次行动与高卢人并没有直接的联系，却间接影响了他们的未来。这场战争提高了恺撒在罗马政界的地位，给了他继续征战高卢的信心，并且开创了罗马插手高卢和其他部落事务的先例。

公元前 57 年，恺撒利用高卢部落之间发生摩擦的时机，向贝尔格进军。此次，他要面对的是门奈比人（Menapii）、莫里尼人（Morini），以及尤为强大的内尔维人（Nervii）。在恺撒眼中，内尔维人是所有高卢人中最勇猛的战士。据记载，他们的生活相当原始，没有商人，更没有贸易往来。他们甚至认为饮酒是奢侈行径，会削弱自己在战斗中的意志。

内尔维人在萨比斯河（River Sabis）附近设下埋伏，准备迎击恺撒的军队。他们从森林中发动攻击，攻速之快，攻势之猛，令罗马人措手不及。此次进攻几乎要使罗马军队鱼溃鸟散。据记载，就连恺撒也在一线作战，以拖延时间。直到看守军团行装的罗马后备军赶来，局势才有所好转。但即便是这样，罗马也并非稳操胜券。内尔维人似乎并不打算中断行动，而罗马人也没有机会提出停战。结果是这一场势均力敌的战斗，给内尔维人造成了巨大伤亡。

虽然这些损失让内尔维人暂时息战蛰伏，但他们及时恢复过来，还是参加了公元前 53 年的高卢起义。与其他贝尔格部落一同派遣战士支援维钦托利的军队。这些内尔

维战士围攻了一支扎营过冬的罗马军团。于是，恺撒不得不出手相救。

加入贝尔格联盟的还有特雷维里人（Treveri），他们拥有高卢地区最好的骑兵。在公元前 57 年的战役中，特雷维里人成为罗马的死对头。内尔维人与其盟友在萨比斯河之战中相继落败，特雷维里人则继续战斗。后来，特雷维里人与罗马签订和平协议，就此退出了高卢诸部与罗马的战争。到公元前 54 年，特雷维里部落中甚至出现了亲罗马派。但没过多久，他们之间的友好关系就破裂了。特雷维里人再次出兵对抗罗马，并打了几场胜仗。大概就是在这段时间，一些特雷维里人迁移至日耳曼尼亚。剩下的人虽然安分守己地过了一段太平日子，但到了公元前 30 年，他们再度起义。这次起义使得罗马加强了对高卢的控制，加快了对高卢各省的重组。

征服威尼提人是迟早的事。

对页图 赫尔维蒂人的迁徙并非轻率之举，是经过多次商讨后的决定。各部落协定放弃各自的领土并摧毁他们的家园，以防止有人中途反悔。

吞并阿莫里卡

虽然很少有人会觉得凯尔特人是一支海上民族，但由于他们分布广泛，部落与部落之间一定存在诸多差异，有一支海上部落也并不稀奇。而且其中确实有一些因航海能力而闻名的部落，比如阿莫里卡（Armorica）的威尼提人。威尼提人居住在法国西北部的沿海地区，地理位置优越，可以与伊比利亚和不列颠群岛上的居民进行贸易，并向途经其沿海地区的航海者收取通行费。这个时代的人行动范围往往是有限的，无法实现跨洋远航。因此，威尼提人依靠其地理位置的优势几乎控制了地中海地区和不列颠群岛之间的海上贸易。

威尼提人与他们在不列颠的凯尔特表亲来往密切，与许多部落交好。因此，他们能够向这些部落求援，共同对抗罗马。威尼提人与罗马之间的争斗始于公元前 57 年。作为征服高卢的一部分，恺撒要求威尼提人归顺。起初，威尼提人顺从了恺撒的意思，但一年后，他们转而加入了高卢阵营，与诸部一同对抗罗马。

征服威尼提人是迟早的事，因为他们控制着沿海贸易的必经之路，对该地区的罗马航运构成了威胁，因此，罗马在看起来可以获胜的时候加入这场战斗是合情合理的。威尼提人的领地易守难攻，只能通过海路进出，或者经由其他敌对的高卢人的领地进入，而且他们的定居点也进行了很好的保护。在海上，威尼提人在船舶设计和航海技术方面都十分出色。他们坚固的船只即使无法战胜对手，也能抵御猛烈的撞击，而且威尼提人善于在他们的高舷船上使用投掷物。他们对当地水域的了解也提供了战略优势。然而，罗马舰队还是取得了胜利，为军队登陆创造了条件。最终，威尼提人不是被残杀，就是被卖为奴隶。罗马此举不仅摧毁了这个部落，也为入侵不列颠群岛扫除了一大障碍。

由于威尼提人这样强大的部落打了败仗，还遭到了屠杀，高卢阵营曾一度军心动摇，但阿莫里卡的其他部落仍然顽强抵抗着罗马的入侵。一支罗马军队挺进阿莫里卡去平定当地部落叛乱，这些部落在维内里（Unelli）部落首领的领导下联合了起来。双方不停转移战场，僵持不下。尽管阿莫里卡的凯尔特人紧跟在罗马部队身后，持续骚扰着他们，但这些部落始终没有足够的兵力，无法击溃罗马大军。因此，他们希望通过不断地侵扰和深入敌人领地作战给罗马军队造成的压力来消耗罗马人。

凯尔特人惯会在战场上嘲弄敌人，他们骑马到罗马人的营地，明目张胆地辱骂被包围的罗马军队，并时不时扔奇奇怪怪的东西过去挑衅。凯尔特人的行为使敌人的压力更大了。这一策略在某种程度上确实是有效的，但还是被罗马人的诡计蒙骗了。罗马人假装恐慌，向凯尔特人展示了他们希望和预计看到的——覆灭崩溃的罗马军队的时机成熟了。这引起了凯尔特人无组织的全面进攻，结果是凯尔特人遭到了罗马精心策划的反击。眼见原本必胜的战斗变成垂死挣扎，凯尔特人的士气彻底崩溃了，大部分凯尔特部队不是被杀就是被俘。虽然他们在公元前 52 年参加了由维钦托利领导的反抗罗马的起义，这些阿莫里卡部落随后很快就投降了。

威尼提部落南部，比斯坎湾（Bay of Biscay）海岸附近，是皮克塔维人[①]（Pictavii）的领地。“皮克塔维”是罗马人的叫法，指

① 或称皮克顿人（Pictones）。

跨页图 阿里奥维斯图（Ariovistus）接到求援，带着军队越过莱茵河，试图平息高卢内部的冲突。然而，他的对手埃杜伊人是罗马人的盟友。这层关系将罗马也牵扯进了战争。事情愈演愈烈，不再只是简单的部落间的冲突。

凯尔特人
惯会在战场上嘲弄敌人，
使敌人的压力更大了。

下图 威尼提人拥有比罗马军舰更好的船只，也是更老练的航海家。然而，罗马战术的改变最终取得了莫尔比昂湾海战（Battle of Morbihan）的胜利并导致威尼提人海权的瓦解。

的是生活于该地区的那群“着色”（即文身）的人，与不列颠群岛的皮克特人没有任何血缘关系。高卢的皮克塔维人可能来源于一群完全不同的部落，在一个联盟首领的领导下聚集在一起。他们的成员可能有着截然不同的出身，而这些差异在高卢战争期间变得尤为明显。在这场战争中，联盟的领导人支持罗马，而部落的几千名战士则与他们血脉相连的凯尔特表亲一起对抗恺撒。

尽管皮克塔维人内部立场混乱，但他们还是因为对罗马的忠诚得到了回报，罗马也将更多领土交予他们管理。一直以来，皮克塔维人都是一个海上民族。事实上，在公元前52年，他们曾提供船只协助罗马对抗威尼提人。随着威尼提人被击溃，皮克塔维人取代他们与不列颠群岛和欧洲沿岸进行贸易，成为大西洋沿岸最为强大的海上势力。虽然他们深入学习并借鉴了罗马的建筑风格与工程技术，却始终没有因为罗马的影响而丢失凯尔特人的灵魂。

高卢叛乱

平定了贝尔格诸部起义，也吞并了阿莫里卡，恺撒曾一度沉溺于炫耀自己的政治军事实力中。据说，为了惩罚进入

左图 罗马人第一次入侵不列颠时，在海滩上遇到了一支装备大量战车的凯尔特部队。恺撒的军队虽然建立了一个滩头阵地，打败了不列颠人，但其在内陆没有取得真正的进展。

高卢地区的苏维汇人，恺撒的军队于公元前 55 年越过了莱茵河，并在日耳曼尼亚活动了一段时间。再后来，他草草率军入侵不列颠，却因不列颠人的战车吃尽了苦头。毕竟，战车已经多年没有出现在欧洲大陆的战场上了。

第二年，即公元前 54 年，恺撒的军队再次攻打不列颠，让卡图维劳尼部落（Catuvellauni）成为他们的手下败将。不过，罗马人的这场胜利似乎无足轻重。不列颠人虽承诺进贡，但他们并没有兑现，而罗马也无法逼迫他们。不过，恺撒向不列颠群岛推进的征服行动仍巩固了他在罗马的政治声誉，这也是恺撒出征的主要目的。

至于恺撒接下来在不列颠群岛又做了什么，我们并不清楚。由于公元前 54 年末或公元前 53 年初，厄勃隆尼斯（Eburones）部落[①]起义，消灭了当地的罗马军队，恺撒不得不分心处理高卢的危机。内尔维人和许多部落也加入了这场战争，恺撒必须

① 大多数时候，厄勃隆尼斯人都被称作高卢人或者贝尔格人，还有人说他们是日耳曼人。

迅速采取行动，重掌局势。除了主要战役，罗马军队也发动了几次小规模的征伐以示惩戒，这才使高卢的局势得到了控制。

公元前 53 年是相对和平的一年。但到了冬天，高卢与罗马之间又发生了一场争斗。罗马人称其为叛乱，因为许多部落在加入战斗时违反了与罗马的协议。但其实，参与此次战争的部落里还有一些从未臣服于罗马。因此，对于大部分部落而言，这是一次反叛行动；而对于其他部落而言，这却是在对抗罗马的威胁。然而，时间越往后，两者的差异也越小。高卢人在阿维尔尼部落的酋长维钦托利的领导下纷纷起义反抗罗马。

虽然阿维尔尼人的实力已大不如前，但他们仍然是高卢政治中的一支重要力量。只可惜，维钦托利领导的不是一支整齐划一的军队，而只是一支拥有共同敌人的部落联盟。他们虽士兵众多，但组织混乱，且彼此之间时常发生摩擦。如果于自身有利时，他们甚至愿意转而效忠敌军。因此高卢战争并不是“高卢与罗马”阵线分明的争斗，实际情况要复杂得多。一些部落或多或少与罗马亲近，于是，高卢的统一战线出现了裂痕，最终被罗马人利用。因此，一些部落即便落败，也可以顺势加入罗马阵营，并不受任何指责，而其他部落却要接受凶狠残暴的惩罚。

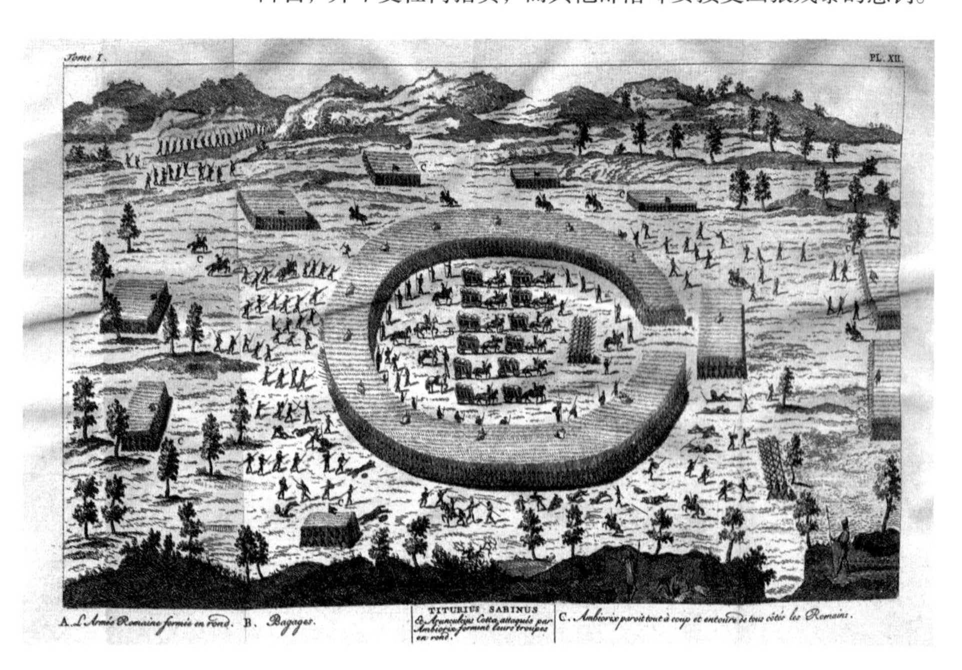

下图 在安比奥里克斯（Ambiorix）的领导下，厄勃隆尼斯人消灭了一个罗马军团，并将另一个罗马军团围困在营地里。一场激战后，恺撒的主力部队迅猛反击，打破了围困，并于此后开始了平定贝尔格人的征战。

焦土政策

下图 阿维尔尼人的首领维钦托利费尽心思想让恺撒失去物资补给和当地部落的支持，但他又鲁莽地决定与罗马正面交锋。因此，他的战略以失败告终。

维钦托利意识到罗马的弱点是补给线过长。于是，他一面推行“焦土政策”，断掉了恺撒大军的补给，一面又尽力确保自己的部队能够得到充分的物资，从而稳定军心。他攻击的目标是罗马人和与罗马交好的部落。这既是为了凸显政治立场，也是为了完成军事目标。维钦托利不仅想横扫罗马人的驻地，打击罗马的支持者，他还希望罗马吃败仗，从而让更多的凯尔特部落加入战斗或至少保持中立。

高卢战士在各地与罗马军队或其同盟部落作战，但决定性的战事还是发生在维钦托利和恺撒之间。维钦托利围攻了戈尔戈比纳（Gorgobina）。戈尔戈比纳是埃杜伊部落的据点，而埃杜伊部落又是罗马的盟友，即使恺撒不得不向该城进军，以解其燃眉之急，即使他的军队在那时很可能已经没有充足的补给了。得知罗马军队前来，维钦托利暂停了对戈尔戈比纳的围攻，转而去拦截罗马军队。两军的骑兵在诺维奥杜努姆（Noviodunum）开战，但维钦托利的截击仍以失败告终。

在遭遇此次挫败之后，维钦托利决定吸引罗马人继续进攻，进一步延长其超负荷运转的补给线。维钦托利在罗马人向阿瓦利肯推进时撤退，然后在罗马大军围攻该城时袭扰他们。阿瓦利肯是比图里吉人的领地，防御完备，但不可能一直死守下去。罗马的围攻还在持续，而维钦托利自己的补给状况日益恶化，在这种情况下维钦托利开始更多地听取那些头脑发热的盟友们的建议。

最终，维钦托利答应了他们的请求，出兵正面迎击罗马人。他在靠近罗马军队的地方设了一个阵地，试图声东击西，分散恺撒的注意力。然而，计划并没有得逞，他只好加紧抵御罗马的攻势，但这也是徒劳。眼看罗马即将突破城门，阿瓦利肯的高卢人试图突围，却被赶回了镇上。随后，阿瓦利肯被罗马大军迅速攻占。维钦托利失去了大量的战士，且大多数都是被罗马人杀死的。由于镇上有大量的粮食储备，罗马于此战中取得的胜利也使恺撒的军队就此从物资断供的绝望中解脱。阿瓦利肯的失守带来的影响是复杂的。自其落入罗马人之手，恺撒的军队取得了一系列迅速的胜利，连续袭击了好几个高卢人的据点。这可能动摇了高卢人的士气，但维钦托利日益见涨的声誉也或多或少抵消了罗马连胜带来的负面影响。维钦托利曾反对在阿瓦利肯固守，这无疑是明智的。他也因明智的判断获得了更高的声誉，使一些原本摇摆不定的部落加入了高卢阵营。甚至，一些曾与罗马交好的部落也与他们的同胞联合起来，为高卢的自由而战。

随后，恺撒向阿维尔尼人的首府日尔戈维亚（Gergovia）进军。这场仗罗马人打得一塌糊涂，溃不成军，主力部队损失惨重。在这场战役中，高卢人又一次对罗马军队的补给线发难，乱兵此起彼伏，使恺撒的军队孤立无援，面临着全军覆没的危险。别无他法，恺撒只好集结罗马残军，背水一战。他还雇佣了一些日耳曼战士，以备不时之需。

这一战打得异常激烈，由于骑兵的加入，局面更为混乱。最终，高卢人节节败

右图 这一石刻描绘的是格拉诺姆（Glanum）在高卢战争中被罗马征服的场景。它后来成为一个罗马化的中心。罗马人在这里建造了高卢的第一个凯旋门，但这一建筑在公元 260 年罗马帝国衰落时惨遭摧毁。

跨页图 维钦托利的投降方式展现了他放弃尊严的决心。下马之后，他把武器扔在恺撒脚下，表示一名骄傲的高卢战士对强者的臣服。

退，不得不应对罗马追击。他们躲在阿莱西亚城中避难，却被罗马人团团围住。恺撒的部队不仅在前线筑起了一排防御工事，还在身后建造了同样坚固的防线，以阻断高卢人的救援。

阿莱西亚一战中，罗马人一直在尝试完成围城工事，而高卢人则试图阻止他们，并不断突围。维钦托利的骑兵在第二次尝试中突破了罗马人的防御工事。他们找来了该地区的其他高卢战士与之共同攻打罗马阵地，且多次进攻都与城中部队突围的攻势相契合。虽然罗马部队被逼得焦头烂额，但恺撒对后援部队的灵活调动稳住了局面。

维钦托利的军队终究未能逃脱罗马的包围，他们最后一次突围仍以失败告终。罗马人对救援部队的反击大挫城内高卢人的士气，城外许多前来救援的战士也纷纷离去。维钦托利和他的部下只能听天由命，被迫投降。最终，维钦托利作为俘虏被带到罗马予以处决。

公元前 51 年又发生了一次规模较小的叛乱，但几乎还没有开始便结束了。此后，高卢基本上成了罗马的殖民地。征服高卢对恺撒和罗马产生了深远的影响，对高卢人本身更是意义重大。尽管偶尔会有叛乱或其他大大小小的骚动，但高卢还是逐渐走向了罗马化。直到几个世纪后罗马帝国覆灭，高卢一直是罗马帝国的一部分。

THE CELTS IN T

凯尔特人在不列颠群岛

不列颠群岛的凯尔特人一般被称为海岛凯尔特人（Insular Celts），与大陆凯尔特人（Continental Celts）相对应。但即使这样的地理分界是真实存在的，在文化上也不是那么泾渭分明。

对页图 也许，不列颠群岛最著名的凯尔特领袖是布狄卡（Boudica）。她领导了反抗罗马帝国统治的起义，并在一开始便取得了成功。罗马人的认知中从没有女性做领导人的概念，因此，被一个女首领打败严重打击了他们的自尊心。

地理位置的不同确实带来了一些文化上的差异，但在整个“凯尔特时代”，不列颠群岛和欧洲大陆之间一直存在跨越海洋的人员流通、贸易往来和思想交流。海岛凯尔特人并没有与他们的大陆表亲分开或隔绝，事实上，他们还有可能是近亲。不列颠群岛的一些部落与大陆凯尔特人关系密切，甚至有的还与大陆凯尔特部落同根同源，只是，这些部落可能由于某种原因而迁移至岛屿生活了。

没有任何一张不列颠群岛的地图能够完全呈现部落分布状况，甚至作为当时状况的示意图都没有。部落间的冲突导致领地一直在扩张或缩减的变动中，逃避罗马扩张的部落涌入群岛造成了更大的动荡。我们如今掌握的，不列颠群岛上凯尔特人的生活和政治状况，大部分来自罗马人的记载或是随编年史家的著作流传下来的神话故事（无疑，其中一定会有失实的地方）。因此，任何针对某一时刻的不列颠凯尔特人的描绘都不能呈现这个民族的全貌，甚至这些也大多是基于猜测、缺少证据的。

在罗马人入侵不列颠群岛，并征服部分地区之后，凯尔特文化受到了冲击。然而，各部落罗马化的程度不大相同，且都有着不同的原因。举例来说，康沃尔（Cornwall）和德文（Devon）地区的杜姆诺尼人（Dumnonii）保留了他们的大部分文化传统。有意思的是，这可能是因为他们几乎没有怎么抵抗罗马的入侵。

杜姆诺尼可能是一个组织松散的部落联盟，既没有统一的领导，也没有稳固的防御。同时，他们显然也没有使用钱币的历史。因此，有些人觉得他们很原始、很落后。然而，杜姆诺尼人能够与英吉利海峡对面的阿莫里卡诸部开展大规模的贸易活动。罗马人入侵不列颠群岛时，杜姆诺尼人内部并没有推选出统一的领导人。然而，要想实施有效的抵抗，推选首领是必不可少的一步。于是，他们似乎就顺其自然地接受了罗马的入侵。正是由于这种相当和平的默认，杜姆诺尼才没有受到大批罗马驻军的管辖，也没有大兴土木建造设施服务他们。杜姆诺尼人的生活似乎一如既往，安然如故。

右图 海岛凯尔特人的文化受到了来自罗马及基督教的深远影响。

对页图 公元 800 年到 900 年，不列颠群岛大部分地区的文化已经在斯堪的纳维亚人或维京人的影响下发生了改变。众多的移民部落与入侵者纷纷创建了“维京王国”，其文化既融合了北欧传统，又保留了部分凯尔特文化的特质。

至少对于杜姆诺尼人来说，罗马人对不列颠群岛的占领来去匆匆，只是其漫长历史中的一个篇章。然而，罗马化确实促进了杜姆诺尼拉姆[①]（Dumnoniorum）行政中心的发展，还创建了一个罗马衰亡后在不列颠事务中极为重要的统治机构。在杜姆诺尼人后裔的真实和传奇国王中，亚瑟王便是其中之一，而他的故事可能是以一个或多个历史人物为原型创造的。

不列颠凯尔特人

正如之前所说，凯尔特人并没有大举入侵不列颠群岛，只是大量移民涌入了这个地方，在不同的区域定居，并通过通婚和思想传播，最终使不列颠群岛的原始居民逐渐“凯尔特化”。在罗马人发动第一次入侵的时候，不列颠群岛的大部分地区

① 即现代的埃克塞特（Exeter）。

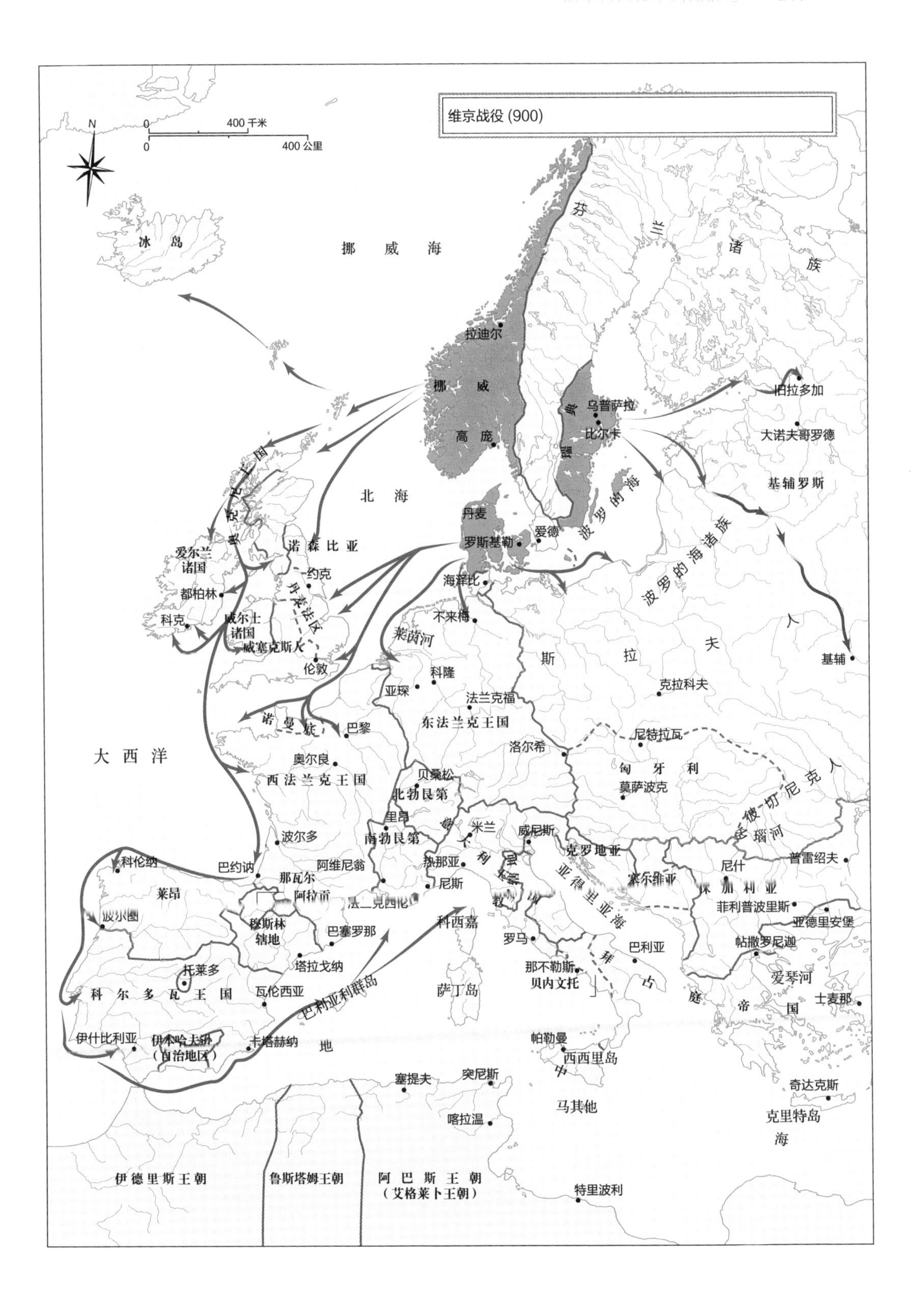
维京战役 (900)
N
0　400 千米
0　400 公里
冰岛
挪威海
北海
大西洋
拉迪尔
挪威
高庞
乌普萨拉
比尔卡
旧拉多加
大诺夫哥罗德
基辅罗斯
芬兰诸族
波罗的海
丹麦
罗斯基勒
爱德
海泽比
不来梅
莱茵河
波罗的海诸族
斯拉夫人
基辅
克拉科夫
诺森比亚
约克
丹麦法区
伦敦
威塞克斯人
威尔士诸国
爱尔兰诸国
都柏林
科克
科隆
亚琛
法兰克福
东法兰克王国
巴黎
诺曼底
奥尔良
西法兰克王国
贝桑松
北勃艮第
里昂
南勃艮第
波尔多
阿维尼翁
巴约讷
那瓦尔
阿拉贡
科伦纳
莱昂
波尔图
穆斯林辖地
巴塞罗那
塔拉戈纳
托莱多
科尔多瓦王国
瓦伦西亚
伊什比利亚
伊本哈夫松（自治地区）
卡塔赫纳
巴利亚利群岛
米兰
热那亚
尼斯
威尼斯
科西嘉
罗马
萨丁岛
那不勒斯
贝内文托
巴利亚
帕勒曼
西西里岛
洛尔希
尼特拉瓦
匈牙利
莫萨波克
佩切尼克人
多瑙河
克罗地亚
塞尔维亚
保加利亚
尼什
普雷绍夫
菲利普波里斯
亚德里安堡
帖撒罗尼迦
爱琴河
士麦那
拜占庭帝国
亚得里亚海
地中海
塞提夫
突尼斯
喀拉温
马其他
奇达克斯
克里特岛
特里波利
伊德里斯王朝
鲁斯塔姆王朝
阿巴斯王朝（艾格莱卜王朝）

都已经是凯尔特人的地盘了。其中，大片区域是由当地声名显赫的部落和部落联盟掌控的。但无论是在哪里，部落的向心力基本决定了部落对其领地的掌控力。在这一方面，部落与部落之间的差别往往是巨大的。

公元前 55 年至公元前 54 年，恺撒入侵不列颠群岛。那时，定居于现在的艾塞克斯（Essex）和萨福克（Suffolk）的特里诺文特（Trinovantes）部落是不列颠群岛上最为强大的凯尔特部落之一。他们当时正与强大的阿特雷巴特人（Atrebates）发生冲突，但在战斗中落了下风。特里诺文特人从大陆凯尔特人那里听说了罗马可能会入侵不列颠群岛一事，他们便与恺撒进行了交涉，提出在罗马入侵的时候与他们合作。这可能也是一个明智之举。纵观历史，那些与罗马合作的大陆部落往往受益匪浅，而那些抵制罗马的部落却并没有落得什么好处。

时值恺撒两次远征之间，特里诺文特部落的国王被杀。他无依无靠的儿子曼杜布拉库斯（Mandubracius）只好向恺撒求援。于是，恺撒在第二次来到不列颠群岛

右图　廷塔杰尔城堡（Tintagel castle）坐落于曾经由杜姆诺尼人管辖的区域，是传说中亚瑟王的出生地。亚瑟王是杜姆诺尼国王的后裔。在那时，诸多的国王均出身于或多或少受罗马影响的杜姆诺尼部落。

对页图　可能是因为受到罗马人的影响，凯尔特酋长才开始自称国王的。这些硬币是由库诺比莱纳发行的，他自称“Rex”，一些历史学家也称他为“不列颠之王”（King of the Britons）。

时，恢复了曼杜布拉库斯的地位，并警告他的敌人别再打他的主意。然而，恺撒的警告并没有多大的威慑力，不列颠人承诺给恺撒的贡品始终没有兑现，他们也没有将人质送到罗马。

在凯尔特社会中，“国王”一词有多种含义。有时，历史学家或研究者用这个词来描述一个强大的领导人，其角色类似于国王，却不是国王。因此，在提到凯尔特人的国王和王后时应注意。曼杜布拉库斯的国王之称与中世纪君主大有不同。虽然各个部落的领导体系与统治制度有着差异，但这些部落仍然是由传统凯尔特社会演变而来的，不可能像人们推断的那样实行封建君主制。

然而，在不列颠群岛，确实有一些部落首领拥有像国王和王后那般的权力。特里诺文特人与其近亲卡图维劳尼人和坎蒂人 (Cantiaci) 就曾陷入王位之争。最终，特里诺文特部落的库诺比莱纳（Cunobeline）成为三个部落的国王。库诺比莱纳用拉丁语“rex”明确地称自己为国王。库诺比莱纳的权力游戏玩得恰逢其时，这件事发生在公元 9 年，而此前不久，日耳曼部落恰好在条顿堡（Teutoberger）的森林里消灭了三个罗马军团。

正值罗马心烦意乱、威信一落千丈之际，库诺比莱纳抓住了时机，实现了对三个部落的统治。要做到这一点，他必须对外事了如指掌，而且要足够精明，能够对其影响范围之外的事情做出预判。这表明，不列颠群岛的部落与希腊城邦、迦太基甚至早期的罗马一样，都是一支国际力量。他们是国际大棋局中的一部分，且他们心知肚明。只是，国际政治在任何时代都是场危险的博弈。特里诺文特部落的势力扩张成为罗马入侵的借口，促使罗马将不列颠群岛的大部分地区收入囊中。

与中央集权的特里诺文特部落相比，杜罗特里吉人（Durotriges）的部落联盟在组织上稍显松散，没有中央王朝或传统意义上的共同领袖。他们居住在南部海岸，也就是现在的德文郡附近，可能是一些由零星的聚落汇聚而成的小部落，在必要时才会彼此合作。

杜罗特里吉人的生活方式在很多方面都与我们所说的“标准”凯尔特式一致。比如，他们会像传统的大陆凯尔特人一样修筑山地堡垒，他们许多宏伟的建筑至今依然留存在不列颠群岛。杜罗特里吉人长于金属加工，也很会做生意。他们从当地的矿藏中开采原材料，并将其加工成商品用于贸易出口。他们深入不列颠群岛内陆，

或者越过英吉利海峡进入高卢，但总的来说，该部落的出口量的确多于进口量。杜罗特里吉人与他们西边的邻居杜姆诺尼人不同，他们在罗马人入侵时选择了拼死抵抗这条路。然而，由于战败，他们的领地还是被强行纳入了帝国的统治范围。

大陆移民

罗马作家指出，贝尔格部落其实应该是不列颠群岛的凯尔特部落。但考虑到这一名称常常特指高卢某一地区的部落，他们也有可能发源于现在的比利时。“贝尔格人的先祖是谁”始终是一个悬而未决的问题。但最有可能的是，不列颠群岛的贝尔格人是几个大陆凯尔特部落的后裔。如果真是这样的话，他们就是由为了逃避罗马人的入侵而从故乡迁移至群岛的各路大陆凯尔特人组成的新部落。

据罗马史料记载，不列颠群岛上的贝尔格人居住在万塔比尔格鲁姆（Venta Belgarum）附近，即现在的温彻斯特（Winchester）。我们并不知晓这块领土是由直接的征服行动而来，还是通过协议得到的。这也可能是罗马划分给他们的。罗马会将各个部落安置在对自己最有利的地方，即使贝尔格人并不与罗马交好，他们也可以分散当地其他部落的注意力，保障罗马的利益。

同样，坎蒂部落[①]可能是由来自高卢的移民与该地区的原住民共同组成的新部落。坎蒂人与高卢凯尔特人有着许多共同之处。特别是他们的丧葬方式，与欧洲大陆的习俗别无二致。显然，这就是由大陆的移民带来岛上的。

阿特雷巴特（Atrebates）是另一个迁徙部落，且“阿特雷巴特”一词的本意就是“移民”。他们整个部落的人（或者是部分成员）由欧洲大陆的一端出发，一路走走停停，最终定居在高卢、比利时和不列颠群岛等地。一直以来，不列颠群岛的阿特雷巴特人与他们在大陆的亲戚贝尔格人保持着密切的联系。在贝尔格人因与罗马争斗而陷入困境时，他们还为该部落的重要成员提供了庇护。

就在罗马入侵之前，阿特雷巴特部落在不列颠群岛的势力非常强大。因此，罗马在与这个部落接触时总是将他们当作强大的邻国，小心应付。公元1世纪早期，阿特雷巴特人一直受益于与罗马的友谊。当卡图维劳尼部落攻来，阿特雷巴特部落被迅速攻占，他们的最后一位国王维里卡（Verica）逃往罗马避难，寻求救援。可这最终却成了罗马皇帝克劳狄乌斯（Claudius）于公元43年入侵不列颠群岛的借口。

对页图 不列颠群岛的贝尔格人可能是来自大陆凯尔特部落的移民。一些人可能在罗马人远征高卢之前就来到了不列颠群岛，另一些人则是在他们的家乡被罗马攻陷后才想着去投奔不列颠群岛的亲戚们的。

---

① 他们的家乡肯特郡就得名于此。

不列颠群岛仍然是高卢人的地盘，并没有臣服于罗马。

罗马入侵

罗马前几次“入侵”不列颠是由恺撒发动的，是高卢战争的一部分，但恺撒发兵只不过是为了向罗马政界展示他的力量，并没有对不列颠产生深远的影响。甚至，不列颠诸部也没有按照约定上缴贡品和人质。此时，不列颠群岛仍是高卢人的地盘，并没有臣服于罗马。对罗马人来说，不列颠始终是一个威胁，但想要控制这些岛屿，也并非易事。

公元前 34 年至公元前 25 年，罗马曾三度计划入侵不列颠群岛。虽然每一次都由于不同原因而没有行动，但这主要还是因为帝国内部的危机使罗马无暇顾及在不列颠的扩张。公元 40 年，罗马皇帝卡利古拉（Caligula）率领一支军队来到了英吉利海峡。这极有可能是他突发奇想而决定开展的疯狂行动，并不是一个思虑周全的入侵计划。但是，卡利古拉的行动并不是毫无价值的。在阿特雷巴特人与卡图维劳尼人交战时，罗马入侵不列颠群岛的机会又来了。正是卡利古拉的铺垫为此次入侵省下了一些工夫。

右图　梅德韦河之战也许并不是在这个现代纪念馆附近发生的。尽管我们很难确定战争发生的具体地点，但众所周知，这场战役最终以不列颠人的惨败收场。

对页图　在罗马不列颠时期，巨人堡（Tre'r Ceiri）从一个大约 100 人的小村落逐渐发展成了一个相当大的城镇。城中至少有 150 间住宅和 400 多名居民。这个山地堡垒拥有自己的供水系统，是一个坚不可摧的防御要塞。

公元 43 年，一支由四个军团组成的罗马部队从欧洲大陆出发，最终踏上了不列颠群岛。罗马人关于军队在哪里登陆，不列颠人又是在哪里迎击的记载有些混乱。但可以确定，在一些小规模的冲突后，凯尔特人落败撤退，而罗马军队则逐步深入群岛。决定双方命运的一战发生在坎蒂人的领地上，具体地点可能是在梅德韦河（River Medway）附近。

尽管这一战发生的确切地点尚且是一个未解之谜，但现在一般将此次战役称为梅德韦河之战（Battle of the Medway）。不列颠人试图阻止罗马人渡河，与其苦战两天。最终，全副武装的罗马人强行渡河，凯尔特人的部队则一路后撤，最终退到泰晤士河继续抵抗罗马的侵袭。

此次战役中，凯尔特人抗击罗马的多次行动都是由卡图维劳尼部落的托葛杜努斯（Togodumnus）和卡拉塔库斯（Caratacus）领导的。尽管凯尔特人的军队在梅德韦河和泰晤士河的战斗中遭到惨败，许多战士被赶到了艾塞克斯的沼泽地，在那里不幸丧生，但这两个领头人存活了下来。但没过多久，托葛杜努斯就死了，他的部落也因疲惫不堪、士气低落，没再挣扎就投降了。另一个凯尔特首领卡拉塔库斯活了下来，并逃到了威尔士，继续与罗马作对。

在接下来的四年里，罗马军队在不列颠群岛的东南角征战，终于控制了亨伯河（Humber River）至塞文河（Severn River）一线的东南地区。然而，在威尔士，他们

遇上了更大的麻烦。

公元 48 年，罗马人进入得西安格利人（Deceangli）的领地。这标志着罗马对威尔士的入侵正式拉开序幕。得西安格利人基本没有抵抗便投降了。在攻下了威尔士的东北角后，罗马军队行军至志留人（Silures）的领地。志留是一个相当松散的部落联盟，没有统一的领导。因此，先前落败的卡拉塔库斯趁机夺下了该联盟的战时领导权。

卡拉塔库斯

在卡拉塔库斯的领导下，志留人奋力抵抗，意志坚决。他们对抗罗马的方式多种多样，从小规模游击和一般性的骚扰到全面进攻，他们的游击战术尤其有效。罗马当局对志留人造成威胁的严重程度感到十分震惊。甚至，在卡拉塔库斯前往北方的奥陶部落（Ordovices）后，志留人仍在顽强抵抗。

事实上，即便在卡拉塔库斯战败后很久，志留人依然没有放弃对抗罗马。于是，罗马入侵者采取了他们常用的战术，在志留人的领地上建起了堡垒。然而，受命前去修建堡垒的小分队落了单，被志留人团团包围，好不容易才脱身。公元 52 年，志留人又重创了罗马的第二军团，而在当时，该军团是全罗马公认的最好的部队之一。

公元 78 年左右，志留人不再顽抗。至于他们究竟为何停战，我们知之甚少。罗马历史学家塔西佗（Tacitus）表示，志留人软硬不吃，光靠外力不可能动摇他们的选择。然而，他也没有说明为何这样一个团体会就此接受罗马的统治。因此，我

对页图 梅奈大屠杀使德鲁伊从此不复存在，凯尔特人代代相传的口述历史并非巧合地就此被抹去，击垮了凯尔特人抵抗罗马的精神支柱，在某种程度上动摇了不列颠凯尔特人的根本。

们只能推测，志留人在持续了20多年的战火中早已疲惫不堪，他们渴求和平。事实上，这很可能是志留人根据自己的情况做出的决定，完全符合他们自身的利益，且他们的表现已经证明了自己不会被别人的想法左右。

与此同时，卡拉塔库斯加入了奥陶部落，最终在公元50年或公元51年的卡尔卡拉多克战役（Battle of Caer Caradoc）中被罗马人彻底打败。卡拉塔库斯擅长游击战，但在正面交锋中，罗马人往往凭借优良的装备和严密的组织纪律胜出。为了增加胜算，卡拉塔库斯在一条河后面的高地上集结了他的部队，匆匆忙忙地修筑了野战防御工事来巩固他的阵地。但实战时，任凭高地上的凯尔特人怎样向罗马军队投射武器，他们始终无法阻止敌人渡河，只能看着他们一点一点攻破己方的防线。随着罗马军队向山顶逼近，一场正面交锋在所难免。

最终，卡拉塔库斯的军队战败，他也只能再次逃跑。这一次，他投奔了定居于奔宁山脉（Pennines）附近的布里甘特人（Brigantes）。然而，布里甘特人似乎并不愿意与罗马作对，于是便将他交了出去。后来，卡拉塔库斯被带到了罗马。罗马人原本是要在庆祝凯旋的典礼上将他处决的，但他发表的演讲说服皇帝饶过了他的性命。卡拉塔库斯说，战胜自己和自己统率的军队无疑让罗马的胜利来得更加光彩夺目。他的话的确有些许道理。卡拉塔库斯是罗马众多敌人之中最顽强也最成功的一个，而击败他对任何一个罗马指挥官而言都是一生之中最了不起的成就。

与此同时，罗马对威尔士的征服行动仍在继续。公元60年左右，罗马战役推进到莫纳岛[①]（Isle of Mona）上的德鲁伊中心，并将其夷为平地，史称梅奈大屠杀（Menai Massacre）。在此次事件中，大部分德鲁伊被消灭，导致历史知识和德鲁伊的传说遭到重大损失。对罗马人来说，消灭德鲁伊可能只是打击敌对势力的一种政治军事策略。而对凯尔特人来说，这更像是对一种文化的谋杀。

① 又称安格尔西岛（Anglesey）。

对页图　爱西尼人的失败是无法扭转的。在无法撤退的情况下，即便是毫无胜算，战士也只能继续战斗，但始终逃不过被屠杀的命运。据称，布狄卡本人宁愿服毒也不向罗马屈服。

动荡的不列颠群岛

定居于如今诺福克（Norfolk）附近的爱西尼人（Iceni）是由一些小部落组成的，富裕而强大。虽然他们与尤利乌斯·恺撒的远征队发生了冲突，但选择了不反对罗马人进军不列颠。在不列颠群岛的东南部被平定之后，该部落差不多算是罗马的自治盟友，多年来与罗马入侵者交往，但敬而远之。

在部落国王普拉苏塔古斯（Prasutagus）死后，情况发生了变化。国王留下遗嘱，希望罗马能够与自己的女儿们分享他的遗产。这大概是罗马不能接受的。罗马的态度是，除了三餐或购物清单以外，妇女在任何事物上都没有权利。因此，对爱西尼的吞并也许是愤怒使然，也许又是一场投机取巧的谋划。不管是什么原因，爱西尼人都被视为在战争中被征服的民族。据记载，普拉苏塔古斯的妻子布狄卡曾遭受鞭打，而他的女儿们则被强暴。不过，这种说法的真实性还有待考证，因为罗马人对“强暴”一词的定义实际是“强行剥夺”。因此，普拉苏塔古斯的女儿们既可能是被罗马掳为人质，也可能是遭遇了强奸（或两者皆有）。无论是哪种情况，爱西尼人的前盟友对她们的如此作为导致了暴力反抗。

在特里诺文特部落和其他一些部落的帮助下，爱西尼人挺身而出，袭击了早已成为罗马定居点的坎努罗杜努姆城（Camulodunum）。此时，掌管不列颠群岛的罗马总督正在西部征战，无法立即调动部队来平息叛乱。第九军团士兵试图压制的尝试被彻底击败。据塔西佗所述，罗马的步兵悉数战死，仅骑兵得以撤退。

如果起义能持续更长时间，不列颠的历史可能大不相同。

在迎战不列颠的罗马主力部队之前，爱西尼人袭击了伦丁尼姆[①]（Londinium）和维鲁拉米恩[②]（Verulamium），尽管在人数上处于劣势，而且从威尔士长途跋涉之后仓促发起战斗，军团选择了对他们有利的阵地，限制了不列颠大军向他们同时进攻的人数。战前，布狄卡在部落成员面前发表了演说，

① 伦敦（London）的古称。
② 圣奥尔本斯（St Albans）的古称。

反映了凯尔特社会的一些关键的价值观。男人们可能会因为一些小事争吵和打架，一旦部落的妇女卷入其中，事态就变得极其严重了。她以一个受了委屈的女人和母亲的身份，也以一个决心自由生存或自由死亡的战士领袖的身份对她的追随者讲话。不列颠一方人数众多，充满斗志，其组织却松散而混乱。最初的攻击被击退以后，罗马继续反攻。在这场对战中，不列颠人的战术是绝对的败笔，正如其他部落以前所做的（并且取得了很大成功）那样，爱西尼人和他们的盟友将他们的物资和家人安置在靠近战场的一排马车上。有时，这些“不完全非战斗人员”充当了掩护战败部队的堡垒，或是集结避难的场所。然而这一次他们妨碍了撤退。

爱西尼人战败

当战斗转向对他们不利却无法脱身时，爱西尼人的战败就成了必然。如果起义能持续更长时间，不列颠的历史可能大不相同。与爱西尼人作战期间，罗马皇帝其实已经在考虑从不列颠撤退。此次胜利为罗马进一步向北扩张铺平了道路。至于布狄卡本人的命运如何，我们并不清楚，有人说她宁可服毒自杀也不向罗马屈服，还有人说她在军队落败之后不久就病死了。

在布狄卡起义后的几年里，好几个部落也尝试着要摆脱罗马人的统治，或者从支持罗马的立场转变为与之敌对。这其中就有生活在奔宁山脉一带的布里甘特人。布里甘特是一个规模庞大的部落联盟，他们对罗马的态度总体上来说是友好的。尽管布里甘特人的国王维努提乌斯（Venutius）个人执坚决反对罗马的立场，但他的妻子卡蒂曼杜亚（Cartimundia）持有相反的态度，并且，真正掌管部落联盟的也是她。因此，公元 51 年，卡拉塔库斯在威尔士战败逃亡，来到布里甘特寻求援助时，卡蒂曼杜亚将他交给了罗马人。

与罗马交好有利于布里甘特人的地位，而维努提乌斯的反对变得十分令人厌烦。于是，公元 51 年后的某天，卡蒂曼杜亚把他也赶走了，并再次结婚。维努提乌斯组织了反对卡蒂曼杜亚和罗马的叛乱，这些叛乱被布里甘特与罗马的联合行动镇压。公元 69 年，维努提乌斯利用“四帝之年”（Year of Four Emperors）的罗马内乱再次发动叛乱，成功控制了布里甘特人。

因此，布里甘特人成为罗马坚定的对手，冲突持续了很多年。可能是受到布里甘特人反抗的鼓舞和激励，其他部落也反叛了罗马，或使抵抗时间比孤军奋战的时间更长。

喀里多尼亚

公元 78 年，不列颠迎来了一位新的罗马总督阿古利可拉（Agricola）。我们对不列颠凯尔特人的了解大多来自阿古利可拉的女婿塔西佗对其职业生涯的描述。公元 78 年至公元 84 年，阿古利可拉在不列颠发起了一系列的战役，其中一部分是为了平定叛乱。他还打败了布里甘特人，并一路向北打到了喀里多尼亚（Caledonia）。沃

根据塔西佗的说法，喀里多尼斯人的领袖是卡加库斯。虽然他记录了卡加库斯在格劳皮乌斯山战役（Battle of Mons Graupius）前夕对他的战士们发表的振奋人心的演讲，但并没有说明他是如何得知卡加库斯的演讲内容的。

左图 哈德良皇帝沿帝国边界修建永久性防御工事的政策实际是默认了日耳曼和喀里多尼亚诸部无法被人征服。但罗马对喀里多尼亚的入侵也持续了一段时间。显然，安东尼长城也并不是不可逾越的。

塔迪尼部落（Votadini）是阿古利可拉行军途中遇到的部落之一，其名意为“堡垒居民”。他们的领地从布里甘特的北部一直延伸到福斯河（River Forth）畔，建有大量的山地堡垒。此外，他们还在诸如农场一类的小规模定居点周围修建了防御工事。

人们对喀里多尼亚诸部的了解相对较少，这主要是因为他们成功地抵御了罗马的入侵。当地最重要的部落被罗马人称为喀里多尼斯（Caledones）或喀里多尼（Caledonii）。这个名字的含义似乎时有不同，有时它指的是一个单一的部落或部落联盟，有时它的意义又与“高卢”一词相同，指所有生活在喀里多尼亚的人。

尽管阿古利可拉建起了堡垒来支持这场战役，但还是无法征服喀里多尼斯人，也无法把他们拖入决战。他后来在一个被称为格劳皮乌斯山 (Mons Graupius) 的地方成功地做到了这一点，尽管遗址位置仍尚未明了。根据塔西佗的说法，喀里多尼斯人由一个叫卡加库斯（Calgacus）的人领导。他们使用了战车、步兵和投射部队，

而罗马只派出辅助部队。喀里多尼斯人遭到惨败。然而，他们从森林中撤退，这阻止了罗马人追击，使代价高昂的胜利变得不具有决定性。

虽然据称喀里多尼斯人伤亡惨重，但他们仍然保持独立，决心继续抵抗罗马的统治。在后来的罗马入侵中，他们一改激战风格，转而采取游击战术。最终，事实证明喀里多尼亚是罗马帝国难以企及的。喀里多尼斯人在现在珀斯郡（Perthshire）的嘎斯柯里奇（Gask Ridge）一带建造了一连串的堡垒，以保证边境的安全。虽然有一段时间，罗马仍然喊着要征服喀里多尼亚的口号，但公元122年至公元130年建造的哈德良长城（Hadrian' s Wall）和公元142年至公元144年修建的安东尼长城（Antonine Wall）无疑是喀里多尼亚的“高卢人”持续摆脱罗马统治的物证。

许多罗马人都十分尊敬喀里多尼亚的这些“高卢人”。塔西佗记录说，他相信喀里多尼斯人永远不会被征服，因为他们根本不明白什么是战败。就算只剩几个战士，喀里多尼斯人也会继续战斗，而且仍然相信自己是战无不胜的。塔西佗还表达了自己对这群“高卢人”的钦佩，赞扬了他们的美好品质，并评论说，他们和被罗马征服以前的欧洲大陆高卢人一样高贵。

撇开这些观点不谈，喀里多尼亚的部落阻止了罗马人的入侵，并对任何企图在喀里多尼亚侵占领土的行为持续不断地骚扰，以至于罗马帝国在嘎斯柯里奇一带建立了第一条边防界线。这条防线的建设甚至早于哈德良皇帝广泛推行边界设防政策的时间。所以，喀里多尼亚的嘎斯柯里奇也许代表了罗马帝国扩张的尽头。与日耳曼尼亚部落一样，喀里多尼亚的凯尔特人迫使帝国设法把他们拒之门外，而不是把他们武力兼并。

公元 84 年过后，阿古利可拉返回南方。尽管有一段时间仍有各种远征活动，但是罗马愿意让喀里多尼亚保持独立状态。公元 140 年左右，征服低地的新尝试开始了，罗马军队分别对西部的达姆诺尼人（Damnonii），东部的沃塔迪尼人（Votadini）和塞尔戈瓦伊人（Selgovae）发起了战争。战役取得足够进展是为了能够建造安东尼长城，尽管罗马军队反复突袭和远征，但城墙以北的区域在很大程度上仍然不为人知，而且绝对没有被征服。

公元 2 世纪 50 年代，罗马人曾一度废弃安东尼长城，曾在几年之内重新启用不久再次遗弃。此后，罗马对喀里多尼亚不再构成严重威胁。由于贸易在长城周围持续进行，该地区的部落在某种程度上已经罗马化。再往南的部落所受的影响则更为广泛，也更为深刻。这些影响不仅来自罗马，更来自存在于罗马帝国边境地区的所有文化。

罗马军队于公元 383 年从不列颠群岛的大部分地区撤出。公元 410 年左右，彻底离开这些岛屿。然而，他们的撤离并没有使凯尔特文化于一夜之间复苏。多年的占领和帝国成员身份已经把不列颠凯尔特人变成了另一种人。也许此时，罗马不列颠人才是对他们更为恰当的称呼。这些不列颠人经受了欧洲大陆日耳曼部落的入侵和斯堪的纳维亚半岛海盗的劫掠，最终成了现代不列颠人。

这时，基督教也在不列颠群岛站稳了脚跟。它传播的过程是断断续续的，有时是一路上伴随着信众回归异教和其他麻烦的痛苦。威尔士是基督教的一个早期据点，苏格兰人也在公元 5~6 世纪逐渐皈依基督教。因此，不列颠群岛上的基督教会往往具有明显的凯尔特色彩，许多凯尔特神话及历史人物也成为新教信仰的一部分。

对页图　哈德良长城背后是一连串由重兵把守的堡垒，这使它长达 73 英里长的城墙成为历史上最坚固的边境线之一。后来，长城区域变成了喀里多尼亚独立部落与南边的罗马不列颠人交往的区域。

尽管遇到了许多挫折，凯尔特基督徒还是将基督教传遍整个英格兰地区，并将他们独特的装饰风格融入了新的神圣建筑风格之中。到7世纪末，不列颠大部分地区的人都成了基督教徒。这是此后的历史事件中一个极具影响力的因素，也是凯尔特文化遗产的一部分，还帮助塑造了后来的英国文化，更影响了世界其他文化的发展。

对页图 虽然罗马军队从不列颠撤出，但不列颠的文化经过多年殖民统治已经发生了许多变化。此外，由于日耳曼人和斯堪的纳维亚人的入侵，不列颠凯尔特人的文化受到了更大的冲击。

爱尔兰与凯尔特文化遗产

爱尔兰始终在罗马帝国的势力范围之外，所以关于爱尔兰凯尔特人的历史记录总是很少。当然，之前提到的神话故事是个例外。尽管这些神话都来源于真实的历史，但以此推断史实是绝不可取的。

总体上看，爱尔兰凯尔特人是一个骄傲又好战的民族，经常发动袭击，相互争斗。他们也与欧洲大陆及不列颠群岛其他地区的凯尔特人来往。一些部落为了寻找新的家园，或者为了躲避敌人，常常穿行于威尔士、爱尔兰和苏格兰之间。

在基督教传入爱尔兰之前，有一个文化群体可以记录爱尔兰人民的神话与历史，唯一可用的书写形式是欧甘文。这种文字可以追溯到公元4世纪，甚至更早。它的字符由垂直、水平和斜向的简单笔画组成，用尖锐的物体便能够轻而易举地刻在木头或石头上，而欧甘文也正是以这种形式留存下来的。

欧甘文大多出现在爱尔兰的纪念碑上，威尔士、马恩岛（Isle of Man）以及英格兰和苏格兰的部分地区也有刻有欧甘文的纪念碑。这些文字通常十分精简，也有一些证据表明欧甘文可能是用于计数一类的记录活动。若要撰写长篇历史故事，那么这种文字一定是不合适的。也因此，文字时代之前的历史详情并没有通过欧甘文留存下来。

尽管我们并不清楚早期的爱尔兰岛上究竟发生过什么，但那时似乎是出现了五个王国：阿尔斯特、康诺特、米德（Mide）、伦斯特（Leinster）和芒斯特（Munster）。它们的命运各不相同，领土也因为战争有得有失。一些爱尔兰神话中

的事件，其描述地点上的战斗遗址、城镇或防御工事，在一定程度上得到了验证。当然，故事里许多细节是编造的。但在许多情况下，传统的凯尔特神话是了解爱尔兰早期历史的最佳选择，甚至可以说是唯一的选择。

西北部的康诺特和东北部的阿尔斯特之间的交战似乎非常频繁。根据早期的神话，康诺特是费伯格人的家园。即使在梅利西人控制了爱尔兰之后，费伯格人仍可以保有他们在康诺特的领地。就像别的神话故事一样，这个故事中提到的入侵和冲突可能也是真实发生过的历史事件。人们试图将故事中的入侵与从欧洲大陆或不列颠群岛其他地方迁徙而来的部落联系起来，但由于如今的神话故事经过了不断的转述和改编，要找到它们与真实事件之间的联系并不是一件容易的事，更何况与之相关的历史事件本身可能就没有被记录下来。

米德王国出现于公元 1 世纪。神话中的圣地塔拉便位于其领地之内。塔拉也是历代爱尔兰高王的所在地。高王制度非常复杂，即便一个人成为高王，他也并不能统治整个爱尔兰。根据那些留存下来的记录，在位者有时是呈动态变化的，但变化的原因不明，有些时候可能是由于暴力夺权或部落变节。

据爱尔兰神话描述，高王的地位可能并不稳固。有时，他们的权力会被其他部落首领或国王削弱，甚至被自己麾下的将领夺去。这样看来，所谓的高王其实是个象征性的领袖。虽然他有权力管治辖地的民众，但这只是因为他是这里的国王，而不是因为他担任了高王一职。

传说，爱尔兰东部的伦斯特王国在公元5世纪之前一直由费伯格部落统治。他们被称为费尔杜姆诺尼人（Fir Dumnonii），可能与德文和康沃尔地区的杜姆诺尼人有些联系。早在有历史记录之前，伦斯特王国与不列颠大陆就已经有一些往来。直到罗马军队离开不列颠后，伦斯特人才移居到安格尔西岛（Anglesey）和威尔士。位于爱尔兰西南部的芒斯特王国也与神话中的费伯格人有关。许多从伊比利亚向北渡海而来的移民可能就是在这里登陆的，一些贝尔格人也可能曾经定居于此地。

对页图 在爱尔兰，像这样防御完备的家宅和小型聚落随处可见。显然，这里曾经历过一段暴力而动荡的历史。然而，许多小规模的冲突都没有被记录下来。只有重大的事件才会被编入神话，最终留存至文字时代。

爱尔兰的维京人

尽管我们并不清楚早期的爱尔兰岛上究竟发生过什么，但那时似乎是出现了五个王国。

从公元795年起，维京人移民和入侵者的到来使王国之间的冲突变得更加复杂。维京人沿着爱尔兰海岸定居，成为当地政治版图的一部分。他们就像爱尔兰人一样，四散而居，始终没有形成一股统一的势力。渐渐地，维京人作为盟友和敌人卷入了爱尔兰的政治冲突。有时，他们与一个爱尔兰王国或部落交好，有时则要赶走他们。

事实证明，想要不受维京人的影响是不可能的。爱尔兰岛上的维京人同基督教传教徒一起，与外部世界建立了新的联系。例如，爱尔兰的维京人常常与他们在约维克[①]（Jorvik）的亲戚来往，而这也吸引了爱尔兰人参与到他们的交往之中。此外，爱尔兰僧侣不仅将“神之道”（Word of God）带到了更广阔的世界，还从欧洲大陆和不列颠其他地区带回了新的思想，而这些思想也逐渐融入了爱尔兰社会。

此时，“凯尔特时代”已基本结束。世界发生了许多改变，这些变化也渗透到了爱尔兰。只是，凯尔特人的影响依然不可小觑，特别是在语言和习俗方面。随着凯尔特人后裔的扩散，他们将自己的艺术、文化和语言带到了更广阔的世界。由于凯尔特人在爱尔兰和苏格兰地区的生活日渐艰辛，他们

① 即约克（York）。

大量迁移到新世界，在那里创造了有着相同文化根源的家园，还影响了美洲新兴文化的发展。

虽然经历了罗马人的占领、基督教的到来以及日耳曼人、北欧人和其他部落的入侵后，欧洲的凯尔特文化发生了改变，但并没有被完全抹除。罗马军队离开了不列颠，却也留下了经过发展变化的新文化。这种文化以凯尔特社会为基础，经受了各种新思想的锤炼。当维京人到达爱尔兰时，他们也成为这种新的不断发展的文化的一部分，最终造就了中世纪的爱尔兰。甚至在“维京时代”（Viking Era）结束后长期存在。同时，欧洲大陆的凯尔特人与其他部落融合，逐渐形成了新的社会。但同样，他们也保留了部分凯尔特社会的价值观。

“凯尔特时代”，如果可以准确定义的话，是一个漫长的时期，这一时期充满了起伏变化，也影响着后来的一切。经过数代人的更迭和环境的不断变化，苏格兰的凯尔特教堂、爱尔兰的山顶石十字架和美洲的工业城市都仍然留有哈尔施塔特文化和拉腾文化的影子。

左图 虽然不列颠群岛上主要的凯尔特部落坚持了好一段时间，但“凯尔特时代”还是结束了。早期王国取代了部落，并逐渐发展成为中世纪时期的国家。

对页图 虽然这些维京人最终定居于爱尔兰，但是他们并没有像在其他地方那样建立“维京王国”。他们只是把原本就分裂混乱的爱尔兰社会搅得更乱了一些。

公元410年，罗马皇帝霍诺里乌斯（Honorius）告诉不列颠人要自己照顾自己，不列颠人照做了。经历了许多艰难的时期与其他民族的无数次入侵，凯尔特人一边适应着世界的变化，一边存活了下来，而其文化也在这一过程中更迭。那时的凯尔特文化本就是由早期社会文化演变而来的，这种文化的演变也将一直持续下去。

一些元素在我们今天看来可能象征着“凯尔特”文化，但对于哈尔施塔特时代制造新式铁器的铁匠或是准备与罗马军团作战的高卢战士来说，可能是不认识的。变化是所有文化的本质，没有什么是一成不变的，我们认定的某种文化的形象和风格，充其量只是这种文化在某一特定时间和地点的一个剪影。

凯尔特人的文化多样而丰富，影响了如今的地名、艺术、音乐、民间故事和神话传说。甚至，目前仍在使用的语言和外来词汇中也有凯尔特文化的碎片。从更广泛的意义上讲，凯尔特文化以超乎我们想象的方式引导了社会和宗教的发展，又通过它们塑造着世界，也塑造着当下。

图书在版编目（CIP）数据

凯尔特人 /（英）马丁·J.多尔蒂著；罗茜湄译. —广州：广东人民出版社，2024.4

书名原文：Celts

ISBN 978-7-218-17015-2

Ⅰ. ①凯… Ⅱ. ①马… ②罗… Ⅲ. ①克尔特人—民族历史—通俗读物 Ⅳ. ①K560.8

中国国家版本馆CIP数据核字（2023）第194336号

KAI' ERTE REN
凯尔特人
［英］马丁·J.多尔蒂 著 罗茜湄 译

出 版 人：肖风华

责任编辑：陈泽洪
责任技编：吴彦斌 马 健

出版发行：广东人民出版社
地 址：广州市越秀区大沙头四马路10号（邮政编码：510199）
电 话：（020）85716809（总编室）
传 真：（020）83289585
网 址：http: //www. gdpph. com
印 刷：北京中科印刷有限公司
开 本：710毫米 × 1000毫米 1/16
印 张：15.5 字 数：226千
版 次：2024年4月第1版
印 次：2024年4月第1次印刷
定 价：78.00元

如发现印装质量问题，影响阅读，请与出版社（020-87712513）联系调换。
售书热线：（020）87717307

创美工厂 | 壹品 新奇有趣

出 品 人：许　永
出版统筹：林园林
责任编辑：陈泽洪
特邀编辑：尚敏佳
封面设计：墨　非
内文制作：万　雪
印制总监：蒋　波
发行总监：田峰峥

发　　行：北京创美汇品图书有限公司
发行热线：010-59799930
投稿信箱：cmsdbj@163.com

创美工厂
官方微博

创美工厂
微信公众号

小美读书会
公众号

小美读书会
读者群